D1689748

Dictionnaire
du français régional
de Lorraine

2ᵉ édition revue et augmentée

© Christine Bonneton Éditeur, 1990
17, avenue Théophile-Gauthier, 75016 Paris

ISBN : 2-86253-085-9

Jean Lanher
Alain Litaize

Dictionnaire du français régional de Lorraine

Editions Bonneton

DANS LA MÊME COLLECTION

Dictionnaire du français régional de Basse-Normandie,
   par R. LEPELLEY.

Dictionnaire du français régional du Pilat,
   par J.-B. MARTIN.

Dictionnaire du français régional de Poitou-Charentes et de Vendée,
   par P. REZEAU.

DES MÊMES AUTEURS
CHEZ LE MÊME ÉDITEUR

J. LANHER, *Humour en Lorraine,* 1982.

J. LANHER, « La langue romane » in *Lorraine, encyclopédie régionale,* 1980, rééd. 1984.

A. LITAIZE, « Les langues dans les Vosges » in *Vosges, encyclopédie régionale,* 1987.

CHEZ D'AUTRES ÉDITEURS

J. LANHER, A. LITAIZE, J. RICHARD, *Atlas linguistique et ethnographique de la Lorraine romane,* C.N.R.S. Tome I 1979, Tome II 1981, Tome III 1985, Tome IV 1988.

Dir. J. LANHER *La vie traditionnelle* Collection Encyclopédie illustrée de la Lorraine, Editions Serpenoise, P.U.N. 1989.

J. LANHER, A. LITAIZE, *Dictons de Lorraine, Au fil des mois,* P.U.N. 1985. *Au fil du temps,* P.U.N. 1989.

INTRODUCTION

Le *Dictionnaire du français régional de Lorraine* que nous présentons ici s'adresse à un public français et lorrain. Il est entendu, dès l'abord, qu'il ne saurait être question pour nous de ne pas admettre qu'un Lorrain pourrait ne pas être de France. Cet ouvrage est le fruit d'une enquête de terrain, longue à ce jour d'une trentaine d'années et d'une fréquentation quotidienne des femmes et des hommes de Lorraine (dont nous sommes) avec lesquels nous nous sentons en parfaite communauté. Leur langue, même si nous avons réussi à en déceler le côté particulier, par référence à la norme, est aussi la nôtre. Pourquoi le cacher, nos origines sont la raison pour laquelle, nous aussi, inconsciemment, utilisons des tours, des mots, que les bons dictionnaires ignorent ou classent avec la mention « Régionalisme ». Les termes et expressions consignés ici sont toujours utilisés, peu ou prou, par tel ou tel, selon les circonstances, les besoins et les lieux. Ce que l'on trouvera dans ces pages est bien le reflet exact de ce qui se « cause », en cette fin de XXe siècle sur tout le territoire de la Lorraine romane, mais pas partout en même temps.

Peut-on risquer une définition de ce que l'on dénomme *français régional* ? La chose n'est pas aisée. Mais d'abord ce qu'il n'est pas. Une certitude : ce n'est pas du patois. Les patois sont autant d'expressions particulières à la plus petite communauté de base. Le français régional, où son utilisateur voit du français, permet une intercompréhension que n'autorisent pas les patois. Le français régional, une langue parlée et comprise à l'intérieur d'une aire qui peut atteindre les dimensions d'un « petit pays » (voir carte), reste bien un certain français, perçu comme tel en tout cas, et utilisé généralement de manière inconsciente. Dites donc à un Lorrain, quel que soit son âge et son milieu socio-professionnel, à l'époque des confitures « aux mirabelles », que le mot « verrine » n'est pas français, il tombera des nues. Aux caisses d'un supermarché, vous entendez tous les jours, en 1990, les clients réclamer « une paire de cornets » pour y ranger tout ce que contient leur chariot.

Gaston Tuaillon ne dit pas autre chose quand il écrit : « un régionalisme linguistique est un écart de langage (phonétique, grammatical ou lexical) qui oppose une partie de l'espace français au reste du domaine et plus précisément à la fraction du domaine linguistique dont fait partie la capitale du pays, car l'aire linguistique qui comprend Paris est de toute façon qualitativement majoritaire. » Reste qu'il n'est pas facile « de décider si ces écarts de langage s'inscrivent dans une aire géographique limitée ou si, appartenant à un niveau de langue particulier, familier, populaire, argotique, rural, ils se retrouvent, peu ou prou, dans toutes les régions de France, de Belgique et de Suisse et même du Québec, ou du moins dans un assez grand nombre d'autres régions linguistiquement françaises. » (1).

Le français régional de Lorraine, c'est d'abord un ensemble de traits phonétiques et de mélodies pertinents qui « accrochent » d'emblée l'étranger au pays : nasales (allongement et incomplètes), déplacement de l'accent tonique : les gens de Lâ-gney et de Maxé-ville, en font la brillante démonstration. On ajoutera – mais il faut que nous nous limitions – la diphtongaison du son [é] français, à la finale notamment : « Bonjour mosseur curèille ». Le lexique, qui constitue à lui seul la quasi totalité du corps de l'ouvrage, est riche d'un héritage du patois, presque toujours francisé, de néologismes divers et d'emprunts aux langues voisines : « Allez donc au schloff, les enfants, vous êtes fatigués. » Autant de preuves que le français régional parlé en Lorraine est vivant, bien vivant, qu'il est capable de créer les tours et les formules dont il a besoin, démontrant ainsi qu'à l'instar du français commun, il est capable de s'adapter à son siècle.

---

(1) G. Tuaillon : *Les régionalismes du français parlé à Vourey*, p. 2.

« Le français-là » de Lorraine, sans complexe étale en chaque circonstance sa richesse et son expressivité. Il s'agit non d'une langue intellectuelle, mais bien d'un outil concret, où le détail « charnel » l'emporte sur la motivation conceptuelle. Tout ne se trouve pas dans notre *Dictionnaire*. Nous avons évité les termes techniques, notamment ceux de l'agriculture, tombés en désuétude. Le contexte historique qui produit les choses et les objets ayant changé, change immédiatement le vocabulaire qui les désignait. Fidèles à notre visée qui est de donner un reflet exact de ce qui se pratique actuellement en Lorraine romane dans le domaine des parlers, nous avons délibérément refusé de prendre en compte quantité de termes que nous connaissons, certes, et dont des lexiques récents font état.

A l'écoute de nos contemporains, de ceux de la Gaume comme de ceux de la Montagne, du pays de Neufchâteau autant que de ceux de la région des Etangs, sans oublier les Nancéiens, les Messins, les Verdunois et les Mussipontains, nous avons voulu faire de ce modeste ouvrage un témoignage. Témoignage de l'esprit, d'abord. Les habitudes langagières sont trop importantes pour qu'on ne les envisage pas avec tout le sérieux nécessaire. Témoignage du cœur ensuite. Il nous plaît, à travers ces quelque 800 mots, de regarder vivre « nos gens », de les contempler tels qu'ils sont en eux-mêmes, sérieux toujours, souvent enjoués, malicieux assurément. Les hommes et les femmes qui sont ce que notre terroir a produit de mieux. Merci à eux de nous avoir donné la matière de ce travail.

Jean LANHER, Alain LITAIZE

*Carte de J. Thouvenin
in "Au fil des mois"
et "Au fil du temps"
par C. Gérard, J. Lanher
et A. Litaize.*

1) Bassigny
2) La Vôge
3) Vosges Comtoises
4) Hautes-Vosges granitiques
5) Pays de Châtenois
6) Plaine sous-vosgienne
7) La Montagne
8) Vallées vosgiennes d'Alsace
9) Pays de Gondrecourt et Neufchâteau
10) Saintois
11) Vermois et Lunévillois
12) Barrois
13) Pays de Void et Vaucouleurs
14) Haye
15) Seille et Etangs
16) Argonne
17) Verdunois
18) Woëvre
19) Jarnisy
20) Pays messin
21) Pays de Montmédy
22) Pays-Haut
23) Gaume belge

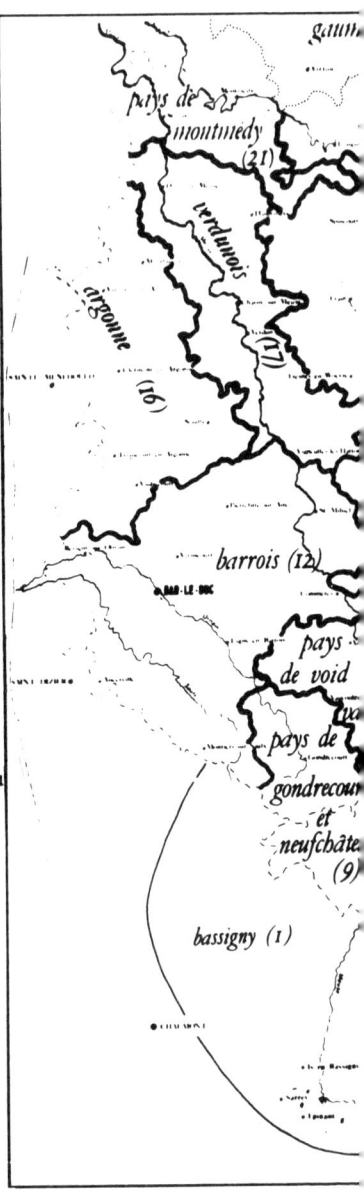

LORRAINE
"petits pays"

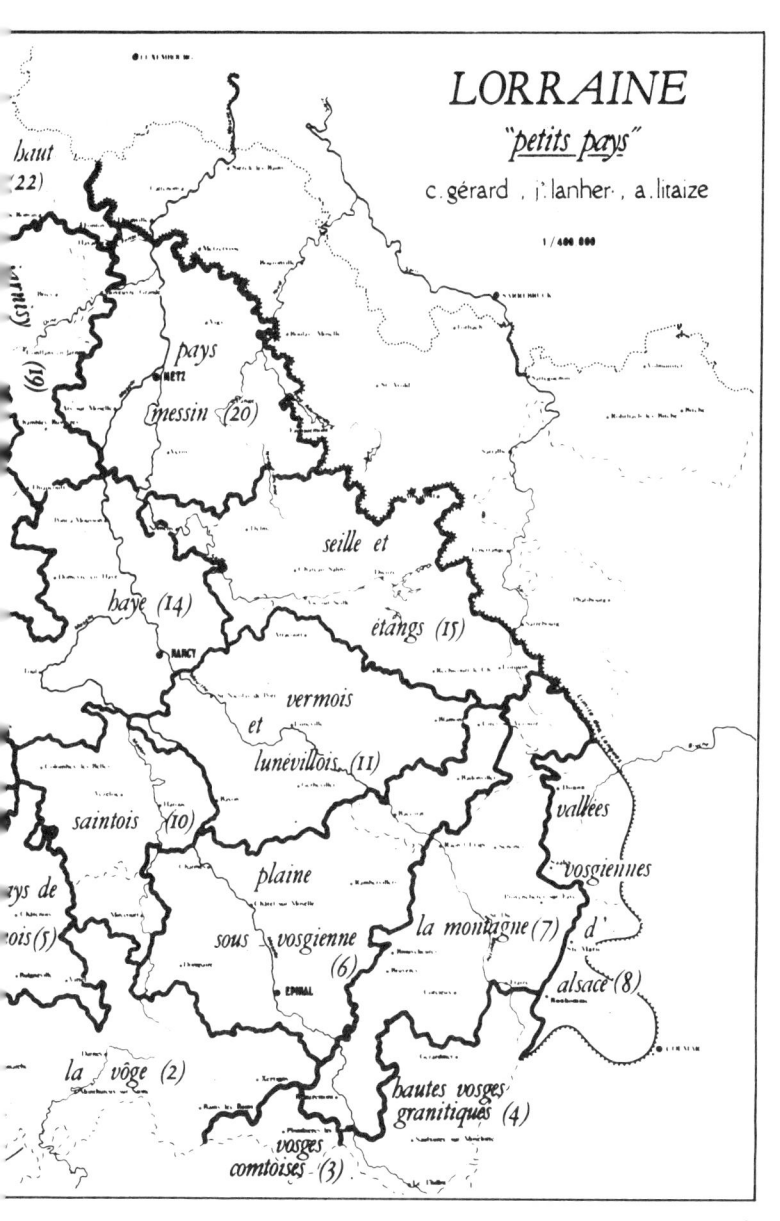

c. gérard, j. lanher, a. litaize

1/400 000

- haut (22)
- pays messin (20)
- haye (14)
- seille et étangs (15)
- vermois et lunévillois (11)
- saintois (10)
- pays de ...ois (5)
- plaine sous vosgienne (6)
- la montagne (7)
- vallées vosgiennes d' alsace (8)
- la vôge (2)
- hautes vosges granitiques (4)
- vosges comtoises (3)

Liste des abréviations

adj.	: adjectif	loc.prép.	: locution prépositive
adv.	: adverbe	loc.pron.	: locution pronominale
art.	: article	loc.v.	: locution verbale
aux.	: (verbe) auxiliaire	loc.v.impers.	: locution verbale impersonnelle
d.	: direct		
de – fin	: Attestation vérifiée depuis X jusqu'en Alsace (on suppose que la lecture de la carte se fait depuis le nord jusqu'au sud du domaine).	m.	: masculin
		n.	: nom
		p.	: participe
		pl.	: pluriel
		p.p.	: participe passé
		pos.	: possessif
excl.	: exclamation	prép.	: préposition
f.	: féminin	prés.	: présent
fr.	: français	pron.	: pronom, pronominal
impers.	: (verbe) impersonnel	trad.	: traduction de
indéf.	: indéfini	trad.lit.	: traduction littérale
interj.	: interjection	v.	: verbe
litt.	: littéralement	v.i.	: verbe intransitif
loc.adj.	: locution adjective	v.imp.	: verbe impersonnel
loc.adv.	: locution adverbiale	v.t.	: verbe transitif
loc.nom.	: locution nominale	/	: et, ou bien

A

À prép. En, pendant, puis. [Dans diverses constructions].

« *Oh ! oui, j'en ai vu, et puis des gros ! On les entendait encore la nuit. Ils passaient, la queue droite, allongée. Oui, on en voyait souvent, surtout au printemps et à l'été.* » (R. Wadier).

Voir aussi dans les constructions INCAPABLE À, À NULLE PART, À POINT D'ENDROIT, À TOUT PARTOUT…, CUEILLIR AUX MIRABELLES, CONDUIRE, MENER AU FUMIER, ARRACHER AUX POMMES DE TERRE…

À DES JOURS loc.adv. Parfois.

« *À des jours, seulement, avec une Marie Monin qui servait de repriseuse, avec une Niniche Legros qui aimait les bonnes choses, on voulait bien tout de même siroter un petit verre, […]* (E. Badel).

ACCOUPLER v.t. Apparier, assortir des personnes.

« *Il faudra les marier : ils sont bien accouplés, les deux-là* » (Meuse, notamment).

ACCOUVISSER (S'-) Voir S'ACCRIPOTER.

ACCRIPOTER (S'-) v.pron. S'accroupir [Meuse].
Même sens : S'ACCOUVISSER.

ACCROQUER (S'-) v.pron. S'étrangler en mangeant ou en buvant.

« *Tape-lui dans le dos, tu vois bien qu'il est en train de s'accroquer.* » (Meuse).

ACRAIGNE Voir ÉCRAIGNE.

AFFAIRES (FAIRE SES-) loc.v. Avoir des relations sexuelles [le plus souvent en parlant d'un homme].

« *Vot' malheur, vot' malheur, l'est pas plus grand qu' le mien, vot' malheur. Faut dire que le Dédé, son fils, il a fait ses affaires avec la sœur du Justin Colas.* » (A.-M. Blanc).

AFFRANCHIR v.t. Faire bouillir de l'huile, ou du lait, dans un

récipient neuf pour le rendre propre à l'usage culinaire.
« *Affranchir une casserole, une cocotte...* »

AGONIES (SONNER LES-) Voir SONNER UN MORT.

AHOTER v.t. Embourber (en parlant d'un véhicule).
« *Il est resté ahoté avec son tracteur.* »

AÏE DONC interj. Hue, marche (ordre donné au bœuf). D'où :
Encouragement donné à quelqu'un.
« *Vous êtes enco bonne, vous, hé ! j' n'ai jamais compté avec vous !.. Aïe donc, celle-là !!! On connaît toujou la coix d'son voisin, mais on n' connaît jamais la sien !* » (G. Chepfer, « Chez la modiste »).

AINSI excl. N'est-ce pas ? Je vous le dis, pour sûr... [sert davantage à appuyer la phrase qu'à ajouter un sens précis].
« *Si seulement vous étiez venus hier. Oh ! jamais que je suis contrariée, j'en aurais une indigestion que ça ne m'étonnerait pas, ainsi.* » (G. Chepfer, « La première communion du gamin »).

AISE adj. Content, satisfait, heureux...
« *Et il s'en va manger le reste du beurre puis il retourne sur la côte. Le loup était bien aise de revoir le renard pour achever d'arracher les pommes de terre.* » (R. Wadier).

AISÉ Dans les expressions :
1) AVOIR BIEN - DE - loc.v. Etre facile de (à)... pour... [Partout].
« *T'as bien aisé de parler comme ça, toi. On voit bien que ça n' te coûte rien.* » (Dans la rue, à Nancy).
2) ÊTRE BIEN - loc.v.
   a) Etre facile.
   b) C'est évident.
« *Quand j'étais gamine, j'avais des râches... jamais de la vie !.. pendant des jours et des nuits... ma fi... C'est bien aisé, j'ai toujours eu une joue enflée, la gauche ou la droite, souvent les deux, et la bouche de travers...* » (F. Rousselot).

ALLANT p.prés. employé comme adj. Leste, alerte...
« *Il est encore bien allant, malgré ses quatre-vingts.* » (Nord-meusien).

ALLÉE n.f.
1) Couloir de la maison qui, généralement sépare les pièces d'habitation du reste de la ferme.
« *Les pavés de notre allée font la pluie.* » [les dalles du couloir sont humides, il va pleuvoir]. (*Au fil du temps*).
2) Allée de l'étable, derrière les vaches.
« *T'as encore oublié de râcler l'allée, tu seras toujours aussi truand.* »

AMORTIR v.t. Faner, flétrir...

« *La salade est toute amortie par la gelée.* »

AMUSER v.t. Faire perdre son temps à quelqu'un par des bavardages.
« *Allez, je m'en retourne, je vous ai amusé assez.* »

ANGLAISE n.f. Bouteille (contenance non définie).
« *[...] pour terminer la veillée, on buvait une anglaise de vin cacheté et on mangeait des noisettes.* » (J.-B. Haxaire, in : *Les Annonces des Hautes-Vosges* du 14-5-89).

APIGER v.t. S'empêtrer dans ses traits [Se dit d'un cheval par exemple]. Au sens figuré : s'embarrasser [Meuse].
Même sens : APÎTER, ENJARTÉ (ÊTRE -).

APÎTER (S') Voir APIGER.

APOLOCHE n.f. Histoire à dormir debout, fable...
« *Monsieur Fouissard, l'instituteur en retraite, le vieux traîne-savates-là qui ne sort pus guère que pour aller réchauffer ses abatis au soleil, et qui raconte des apoloches à tous les passants, lui aussi, a eu le toupet de me faire des avances, mais oui ! et de me dire qu'il m'avait toujou trouvée à son goût, le peut homme.* » (G. Chepfer, « La Pétronille se remarie »).

APPRENDRE
1) v.t. Enseigner quelqu'un.
« *Ça change avec leur nouveau maître d'école : il les apprend bien, celui-là.* »
2) v.i. Avoir des aptitudes pour les études. Être intelligent.
« *Il apprend bien, le gamin, ça fera quelqu'un.* »

APPRENTI (ÊTRE EN-) loc.v. Être apprenti, suivre un apprentissage.
« *Maintenant, le gamin, il est en apprenti : une semaine à l'école, trois semaines chez son patron.* »

APPRIS (ÊTRE-) loc.v. Tenir compte de l'expérience.
« *Faut être pris pour être appris* » (maxime faisant référence à la valeur prêtée à l'expérience, à l'enseignement empirique).

AQUÉDUC n.m. Conduit placé dans un fossé et recouvert de terre qui permet aux véhicules (agricoles) d'accéder à un autre chemin, aux champs...

Conseil municipal

Il s'est réuni le 6 novembre à 20 h et a décidé
d'accepter le devis des Aménagements Ruraux de Corcieux concernant la construction d'un aqueduc à travers le CV 2 et s'élevant à 9.575 F.

Les Annonces des Hautes-Vosges, 14-11-1982

ARAIGNÉE n.f. Petit meuble, fait de lattes de bois, fixé au mur de la cuisine et sur lequel on suspend des ustensiles.

A vendre : Charrettes à 2 roues, très bon état, [...] Fût bois pour choucroute, Araignée, petit fourneau...

Les Annonces des Hautes-Vosges, 8-1-1989

ARAN n.m./f. Soue, réduit à porc.
Variante : RAN(G).

ARDENNE n.f. Vent du nord-ouest, ou du nord.
« *L'ardenne n'a jamais fait de bien à la Lorraine
Sauf quand le blé graine.* » (*Au fil du temps*).

ARRACHER À -, AUX - loc.v. Arracher quelque chose. [À condition que cela devienne l'occupation principale de toute la journée.]
« *Ils sont en train d'arracher aux pommes de terre.* »
Même type : CONDUIRE AU FUMIER, CUEILLIR AUX MIRABELLES, etc.

ARRANGER LES BÊTES loc.v. Soigner le bétail, les vaches notamment : traire, faire la litière, donner à manger.
« *Le Pierrot fait la danse, la Jeanne tire les vaches, et moi je les arrange.* »

ARRÊTE (EN-) loc.adv. En cessation d'activité, fermé [en parlant d'une usine, d'un atelier].
« *Voilà pourquoi qu'elles étaient en arrête, les usines de la vallée.* » (C. Vanony).

ARRÊTER v.t.
1) Attendre [Meuse, Haye, Châtenois].
« *Alors on partait. Il y en avait un qui tenait un sac et on lui disait : « Elle est dans ce buisson-là, elle doit passer par là, dans ce passage. Elle va se jeter dans le sac toute seule, tu n'as qu'à le tenir grand ouvert. » Alors il arrêtait, il arrêtait et que je t'arrête...* » (R. Wadler).
2) Être enceinte.
« *Elle arrête un enfant.* »
Même sens : PRISE (ÊTRE -).

ARROSATTE n.f. Arrosoir.
« *Les enfants aiment bien jouer avec une petite arrosatte. Mais, après, on peut les rechanger tellement qu'ils sont trempés.* »

ARTICLE (ÊTRE À SON-) loc.v. Être à son affaire. S'adonner à un métier ou à une activité avec un tel plaisir que plus rien n'existe. [Meuse].
« *Quand il joue de l'accordéon, il est vraiment à son article.* »
[Peut être employé à propos d'animaux.]

ARTISON n.m. Mite. [Partout].
« *Si tu ne mets pas des boules de naphtaline dans tes armoires, les artisons vont tout te dévorer.* »

ARTISONNÉ adj. Mité, troué par les mites.
« *Son beau habit était tout artisonné, j'en ai fait des pattes.* »

ASSEZ adv. Assez, beaucoup, trop. [Souvent rejeté en fin de proposition].
« *J'ai mangé de la soupe assez.* »

ASSIETTES n.f.pl. Vaisselle en général.
« *Bouge pas, maman, je vais te relaver tes assiettes.* »

ASSIS (SE METTRE -) loc.pron. S'asseoir. [Partout].
« *Ma tourte qui était si belle et dorée avec sa petite cheminée au milieu, y a fallu que le vieux gnolle-là se mette assis dessus en plein, dans le train. Y ne m'a même pas dit pardon.* » (G. Chepfer, « À la guerre comme à la guerre).

ASSISES n.f.pl. Œufs pondus par les mouches, voire même larves écloses, sur la viande, le fromage, la nourriture en général.
« *On ne tue pas le cochon quand il y a des mouches, sinon la viande serait pleine d'assises.* »

ÂTIES (FAIRE DES -) loc.v. Faire des manières, des façons, des simagrées.
« *Qu'est-ce que vous voulez faire tant d'âties... Vous n'avez que de me montrer une douzaine de rateliers tout préparés, je choisirai dans le tas...* » (F. Rousselot).

ATOUT n.m.
1) Coup (de poing). [Lorraine du Nord].
2) Malheur, accident...
« *Il n'a pas eu de chance, rien que des atouts dans sa vie.* » (Meuse).

ATTELÉE n.f.
1) Demi-journée de travail.
2) Quantité de travail effectuée pendant ce laps de temps.
« *Dans la bruine de novembre, dirigeant un attelage traînant un brabant (charrue réversible), je n'entendais plus le vieil oncle qui, à chaque bout du champ, m'expliquait comment retourner l'appareil sans peiner, grâce à un coup de main connu de lui seul, et ceci trente-deux fois par attelée puisqu'on faisait seize tours dans la matinée ; après quoi, il était 11 h 30 et on rentrait pour le repas.* »
(F. Guillaume).

AUTE-DE-FOIS (L'-) loc.adv. L'autre jour, il y a quelque temps.
« *L'aute-de-fois, i me disait enco : une supposition que t'aies une jambe de moins, eh ben ! je t'en ferais mettre une belle, en mécanique articulée...* » (F. Rousselot).

AUTRES FOIS (LES-) loc.adv. Autrefois, dans le temps...

15

AVISIONS n.f.pl.

1) Vision, illumination, apparition surnaturelle.

« *Il a eu une avision, c'est pas Dieu possible.* »

2) Intentions, idées saugrenues. (En ce cas, toujours précédé de « mauvaises »).

« *Le gamin-là n'a que de mauvaises avisions, toujours à faire des bêtises.* »

AVOIR aux. Être. [Emploi obligatoire de l'auxiliaire « Avoir » avec v.pron.].

« *Il s'a noué une serviette sur la tête, et pis il s'a dessiné un gros œil sur la boudatte avec un morceau de charbon et il a fait la danse de la belle Fathma, en criant comme un putois.* » (G. Chepfer, « Les lauriers sont coupés »).

AVORTEMENT n.m. Brucellose.

« *On a l'avortement à l'écurie, il va falloir faire venir le vétérinaire avant qu'on soit obligé d'abattre toutes les bêtes.* »

B

BÂ n.m. Baiser [langage enfantin]. [Woëvre, Pays messin, Seille, Plaine-sous-vosgienne].
Même sens : BEC, CHMOUTSE, COCO, CŒUR, DONNER BON CŒUR, MÂ.

BÂBETTE n.f. Bonne de curé. [Partout].
« *Il rentra en portant son vélo avec précaution. Sa « Bâbette » – héritée de son prédécesseur – était, à cause de ses rhumatismes, terriblement pointilleuse pour l'entretien de ses sols et parquets.* » (A.-M. Blanc).

BACÂILLER v.i. Criailler, récriminer, faire des remontrances.
« *Je ne lui ai rien fait, et, pourtant, il n'arrête pas de bacâiller.* » (Meuse).

BACELLE n.f. Jeune fille, demoiselle.
« *Et vous verrez, madame la directrice, que toute bébête qu'elle est, comme vous dites, elle saura enco mieux se débrouiller dans son ménage que toutes vos belles bacelles qui ont eu les prix d'honneur aujourd'hui.* » (G. Chepfer, « La distribution des prix »).
Même sens : BEILLESSE.

BÂCHON Voir CHTEÛ.

BALANCER v.i. Se balancer, faire de la balançoire.
« *Dites donc, Gogotte, nous n'allons pas balancer comme les enfants-là, ben sûr !* » (G. Chepfer, « La femme qui se noie »).

BALER v.t. Tasser, en les piétinant, le foin, la paille... [Depuis Haye - fin].
Même sens : CHAÛCHER, PISTELER, TRIPELER.

BAMBAN Voir BEUBEU.

BAMBOCHE n.f. Pantoufle. [Meuse et ouest des Vosges].

BANGARD n.m. Garde-forestier, garde-champêtre.
« *Les sergents semblaient à l'affût des moindres occasions d'accroître les recettes de la Pré-*

vôté. Les marcaires de la montagne avaient aussi affaire aux gardes forestiers qu'on appelait les bangards. » (F. Martaine).
Même sens : CHAMPÊTRE.

BANJOINDANT adj. Mitoyen, voisin, proche, qui touche à.
« Chaque soir, pendant que je me déshabille avant de me mettre au lit, le Gugusse s'enferme dans un petit cabaneun, banjoindant de notre chambre et i récite des litânies, sans arrêt, et vite, et vite... » (F. Rousselot).

BAN-OUÂ Voir BANGARD.

BANSE Voir BAÛGEATTE.

BANSETÉE n.f. Contenu d'une banse. [Meuse].
« Jc n'en ai même pas eu une bansetée, pas de quoi payer la semence. »

BAOUÉ n.m.
1) Cultivateur, paysan.
« D'abord je ne m'ai jamais plaît z'à la campagne. J'ai trop d'habitude de la ville, aussi bien ! – Alors, ce n'est pas un baoué ? » (G. Chepfer, « La belle laitière se marie »).
2) Demeuré, simple d'esprit.
« Pour ce qui est du progrès, on est aussi avancé que vous. Nous ne sommes pas si baoués que nous en avons l'air. » (G. Chepfer, « La distribution des prix »).

BAQUESSER v.i. Boîter. [Depuis Pays messin, - fin].

BARAQUE n.f. Clapier, cabane de lapin. [On dit plus souvent « Baraque à lapins »].

BARBONZER
1) v.t. Barbouiller. [Depuis Pays messin - fin].
2) v.pron. Se barbouiller.
Variante : BARBOUZER (SE) v.pron. Se barbouiller. [S'emploie principalement à propos d'enfants].
« L'jour-là on a eu une « sâpré » surprise, savez-vous ! V'là ti pas qu'on trouve un bôserez (enfant barbousé) aux prises avec le piège à loups ! » (G. Goulon).
Même sens : SE MARMOUSER, SE MÂCHURER.

BARROT n.m. Tombereau. [Depuis Montmédy - Pays messin].

BARROTER v.t. Transporter dans un barrot.

BAS-BEURRE n.m. Petit-lait obtenu lors du barratage du beurre. [Partout].
Même sens : BATISSE

BASSE n.f. Vallée, combe, dépression de terrain. [Très fréquent en toponymie vosgienne]. [Depuis Haye - fin].
« Les reliefs en creux sont mentionnés dans la Creuse, la Basse (15 spécimens), le Fossé,

les Chevails (chef-val : vallée supérieure), le Trou de Terre, Trou de l'Enfer. » (M. Georgel).

BASSE D'EAU loc.nom.f. Flaque d'eau. [Lorraine centrale].
« Vot' Alphonse ne veut pas plus vôter l'argent qu'il faudrait pour curer les marécages du pays que pour rempierrer les routes, ce n'est pus que des ornières, des cassis, des basses d'eau. » (G. Chepfer, « L'Alphonse député ? et pourquoi pas »).

BASSINER v.t. Faire le charivari.
« Oui, Brigitte, et ils nous bassineront s'ils veulent, les ouarés, leur charivari m'est bien égal. » (G. Chepfer, « Faut se faire une raison, Brigitte »).

BASSOTER v.t./i.
1) Bricoler, ne pas avancer dans son travail.
« Nous ne vous demandions rien, nous étions bien tranquilles dans notre petit cougnot, le Polyte bassotait tranquillement, et moi je m'occupais de mes bêtes et du jardin, on tirait le diable par la queue, mais on était tout de même heureux comme des rois... » (G. Chepfer, « Le frère de lait »).
2) Perdre son temps à un travail inutile.
3) Travailler sans méthode ni soin ni ordre.
4) S'occuper à des futilités.
5) Aller d'un travail à l'autre sans aller au bout d'aucun.

BASSOTEUR n.m. Bricoleur, quelqu'un qui « bassote ».
« Ce n'est pas un ouvrier, ce n'est qu'un bassoteur. »

BATISSE Voir BAS-BEURRE.

BAÛGEATTE n.f. Corbeille, panier à deux anses [utilisée, par exemple, pour ramasser les pommes de terre].
« En hiver le Paul passe son temps à faire des baûgeattes. »
Même sens : BANSE, BAÛGEOTTE, BONGEOTTE, CHARPAGNE, HABEURLIN, HARTINE, MANNEQUIN 1), MANTE.

BAVARDE n.f. Bouilloire [celle qui est en permanence sur la cuisinière].
« Quand la bavarde fife, c'est signe de visite. » (superstition).

BEC Voir BÂ.

BÈCHER v.t./i.
1) Béqueter, donner des coups de bec. [Se dit des poussins en train d'éclore].
Variante : BÈQUER.
2) Médire, dire du mal de quelqu'un.

BEGNET n.m.
1) Beignet.
2) Crêpe épaisse dans laquelle on ajoute des fruits.
3) Contravention (notamment pour stationnement interdit).
Même sens : LÈCHON 3).

BEILLÈSSE Voir BÂCELLE.

BERCE n.m. Bâti en forme de table à claire-voie sur lequel on découpe le porc. [Lorraine du Nord et centrale].
« *Le cochon, une fois grillé, on le met sur le berce.* »

BÈRÈGNE n.f.
1) Vache indocile et/ou qui ne vaut rien, difficile à traire.
2) Vache stérile.
3) Femme acariâtre.
Variante : BREHAIGNE.
« *La vieille Minette, acariâtre brehaigne avait un bouc, un grand bouc aux reins puissants, superbement encorné qui étalait sous son court menton une barbe florie, fastueuse comme on en voit dans « les Saints », pavoisant le visage du Père Éternel.* » (F. Rousselot).

BÈRLAFE n.f. Gifle. [Montmédy].
« *Tu mériterais une bonne berlafe, tiens !* »
Même sens : GAFFE.

BESSINE n.f. Effondrement de terrain provoquant des cavités, souvent masquées par une mince couche de terre en surface.
« *Ne va pas dans le pré-là, il est trop dangereux, c'est plein de bessines.* » (Nord-meusien).

BÊTE n.f. Oiseau de proie en général, buse en particulier. [On dit plus souvent : « Bête aux poules », « Oiseau des poules »].

« *Depuis qu'il fréquente chez nos enfants on n'a eu que du malheur : la bête a mangé cinq poules, nous avons perdu un veau, moi j'ai eu le torticolier.* » (G. Chepfer, « L'accident d'Angèle »).
Même sens : OISEAU DES POULES.

BÊTE À (DU) BON DIEU loc.nom.f.
1) Scarabée doré. [Partout].
2) Coccinelle.

BÊTE AUX DOIGTS (AVOIR LA-) Voir ÉPINÇONS (AVOIR LES-).

BÊTE AUX POULES loc.nom.f. Rapace (diurne le plus souvent). [Pays-Haut, Verdunois].

BÊTES n.f.pl. Cheptel, principalement les vaches.

BEUBEU adj.
1) Niais, sot, à la limite de la débilité mentale.
2) Naïf, qui croit tout ce qu'on lui dit.
« *Il est un peu beubeu le Victor, il a marché à ton histoire.* »
Même sens : BAMBAN, GOGOL.

BEUBEULERIE n.f. Paroles futiles, discours sans importance, sottise, niaiserie, blague invraisemblable.
« *On n'a dit que des beubeuleries l'autre soir : on était fin soûls.* »

BEÛCLE n.f. Déformation sur un tapis, un tissu ou un vêtement qui ne « tombe » pas bien.

« *Remets voir le fauteuil comme il faut, tu vois bien que ça fait des beûcles au tapis.* »

BEÛCULON n.m. Bûcheron. [Partout].

« *Dans le temps, les beûculons partaient au bois pour la semaine.* »

Même sens : BÔCULON.
Variante : BOQUILLON

BEÛGNE n.f.
1) Coup, bleu, talure. [Centre, est, ouest et sud de la Lorraine].

« *Il m'a foutu une de ces beûgnes, j'en ai tombé sur mon cul.* »

Même sens : ZOQUE 1).
2) Sexe masculin. [Nord de la Moselle].

« *Oh, la première fois qu' j'ai vu sa beûgne, ça m'a fait peur ! - « Mais, tu verras, tu t'habitueras.* »

BEUGNER
1) v.t. Heurter, percuter, cabosser, accidenter.
2) v.pron. Se heurter.

« *Les deux voitures se sont beugnées à la croisée des quatre chemins.* »

BEUGUENOTTE Voir POT DE CAMP.

BEUILLE n.f.
1) Poche des eaux renfermant le liquide amniotique. [Se dit d'une femelle ; est péjoratif, ironique, pour une femme]. [Depuis Montmédy - Barrois].
2) Ampoule froide dans la main. [Montmédy, Verdunois, Haye].

Même sens 2) : BOULE D'EAU 1), BOUTEILLE 2).

BEÛLOUX (-OÛSE) n.m./adj.
1) Chassieux, qui voit mal, aveugle. [Aux sens propre et figuré].

« *Mon ! les beûloûx s' toquent !* » (Exclamation d'un jeune aveugle lorrain, dans une école spécialisée parisienne, après qu'il se fut cogné contre un condisciple. Expression tellement incompréhensible pour ses camarades qu'ils le surnommèrent immédiatement « le beuloustoc »).

2) adj. Louche, qui a les yeux de travers.

Même sens : CALOUGNE.

BEÛRÂ n.m./adj.
1) Bélier. [Montagne, Alsace].
Même sens : BOUC.
2) (au figuré) Ours, homme bourru, acariâtre, grincheux...

« *Ce n'est pas la peine d'aller déranger l'Alphonse, c'est un beûrâ, on n'a jamais rien pu en tirer.* »

BEÛRER v.i. Être renfrogné, désagréable, grincheux. Faire la tête dans son coin, bouder.

« *Si tu n'es pas content, tu peux aller beûrer dans ta chambre.* »

BEURGUEUNER Voir FEUR-GUEUNER.

BEUSSE n.f.
1) Récipient rond et plutôt de grande taille.
2) Baratte. [Vôge, Plaine-sous-vosgienne, Hautes-Vosges].
3) Personne (ou animal) corpulente et lymphatique, gnangnan, nonchalant.
« *Avec sa beusse de chien, ils ne peuvent même plus se traîner.* »

BIEN HAUT loc.adv. Au moins. [Se dit exclusivement d'un prix.] [Montagne].
« *Il y en a pour quatre mille francs, bien haut !* »

BIGÔNE n.f. Toupie (jeu d'enfant). [Pays messin].
Même sens : CASSE-CARREAUX, PIDÔLE, VIÔLE.

BIQUE n.f.
1) Chèvre [avec toutes les acceptions françaises et lorraines].
« *J'avais à peu près onze ans. Je ne suis pas près de l'oublier. J'étais chez nous, ma mère était là. Mon grand-père était parti avec les biques les emmener aux champs en les tenant toutes les trois par une triple chaîne.* » (R. Wadier).
2) « Banc » de sabotier. [Lorraine du Sud].
Même sens 2) : BOUC 1, CHÈVRE, 1) : GAILLE.
3) Chevalet pour scier du bois. [Partout].

Même sens : BOCATTE, BOUC 1, BOURGUIGNETTE, CABRE, CHÈVRE, CHEVRETTE, GAILLE, GAILLETTE.
4) Dans l'expression :
GARDER LA BIQUE
Être scrutateur lors d'une élection.
« *J'espère qu'il passera au premier tour, je n'ai pas envie de garder la bique deux dimanches de suite.* »

BIQUE ET BOC loc.nom.m. De sexe indéterminé. Hermaphrodite : femme plutôt hommasse, homme efféminé.
« *Cette femme âgée de la quarantaine venait de faire plusieurs fausses couches. Quand elle s'était de nouveau découverte enceinte, la Gagatte était venue plusieurs fois consulter Marion pour lui demander conseil et lui confier sa crainte de mourir ou de mettre au monde un enfant bancal ou « bic-et-boc ».* » (F. Martaine).

BIQUI n.m. Chevreau. [Partout].
« *La gaille va faire biqui.* »
Même sens : GAILLETTE, GAILLOT.

BISCAÏEN Voir TOC 4).

BISE n.f. Russule (champignon *Russula Cyanoxantha*). [Vosges].
« *Je ne ramasse pas les bises, elles sont toujours véreuses, et puis, ça n'a pas beaucoup de goût.* »

BISER v.i. Courir la queue en l'air [en parlant des vaches, notamment avant l'orage]. [Lorraine du Nord].
 « *Voilà nos vaches qui bisent, on aura de l'orage.* »

BLAME n.f. Flamme claire.

BLAMER v.i. Brûler en donnant une flamme claire. [Pays-Haut, Argonne].
 « *Ton feu ne blame plus, remets voir quelques ételles.* »
 Même sens : BLANDER.

BLANC-ET-TOC (COUPER À -) loc.v. Couper à blanc, procéder à une coupe claire. [Partout].
 « *Regardez-moi ça, on dirait que la montagne est pelée, ils ont coupé à blanc-et-toc.* »

BLANC-FROMAGE n.m. Fromage blanc.
 « *C'était la laitière, elle ne nous a même pas apporté un œuf frais, ou un blanc fromage pour les étrennes, ah ! la chipie, et elle dit que le lait va enco raugmenter de deux sous la semaine-ci. Ah ! l'année commence bien !* » (G. Chepfer, « Le Jour de l'An »).

BLANCHIR v.t.
 1) Entailler un arbre avant de l'abattre. [Argonne].
 Même sens : RELEVER 1.
 2) Passer une étable à la chaux.
 « *Je blanchis l'écurie tous les deux ans, mes bêtes ont moins de mouches.* »
 3) Effectuer l'opération de blanchissage sur pré.
 « *[...] au bord des torrents, quelques hauts-fers qui ne scient plus et, envahis désormais par l'herbe et les fleurs, des rigoles traversant les prés, où jadis on blanchissait la toile de lin.* » (J. Grossier).

BLANCHISSAGE n.m.
 1) Terrain herbeux et plat sur lequel on « blanchit » la toile.
 « *Au mois de mars, dès que la neige avait disparu, le blanchisseur aménageait les prés destinés à l'étendage de la toile. Les terrains herbeux et plats, appelés « blanchissages » ont environ 120 m de longueur sur 12 m de largeur, et sont traversés, dans le sens de la longueur, par un petit canal où coule une eau claire descendant directement de la montagne.* » (R. L'Hôte).
 2) Usine de blanchiment de ces mêmes toiles.
 « *Tous les blanchissages sont en arrête aujourd'hui.* »

BLANDER Voir BLAMER.

BLAUDE n.f. Sorte de blouse courte que portaient les hommes. [Partout].
 « *Mis à part les sabots et la halette qui sont encore parfois aperçus çà et là lorsqu'on traverse les contrées rurales ou la blaude qui revient à la mode pour des raisons de confort romantique, le costume de notre province n'est plus qu'un souvenir.* » (J. Grossier).

BLOC n.m. Billot de bois sur lequel on fend le gros ou le petit bois, on découpe la viande. [Partout].

« *J' me l'ai fait moi-même, le bloc que je fends mon bois dessus.* »

BLOCE n.f.
1) Terme générique servant à désigner la prune. [En cela s'oppose à « mirabelle, quetsche »...].
2) Prune violette de qualité inférieure.
3) Prunelle noire.
4) Dans l'expression :
EN AVOIR POUR UNE SAPRÉE BLOCE
En avoir pour beaucoup d'argent.

« *T'avais oublié de fermer le robinet, tu vas en avoir pour une sâprée bloce !* »

BLONCHE n.f. Motte de terre qui ne s'effrite pas. [Montmédy, Argonne].

« *Faudra que le gel nous casse les blonches-là, sinon on ne pourra jamais faire le mars.* »

BLOUQUE n.f. Boucle. [Partout].

« *Comment ? qu'est-ce que vous dites ? C'est trop court... Oh ! que les femmes sont nices ? Fallait le dire plus tôt, on ne peut pas lui en repiquer, faut attendre que ça repousse... Mimile, mets-voir ses blouques dans un papier et donne-les à sa maman.* » (G. Chepfer, « Le Mimile sera coiffeur »).

BOCATTE n.f.
1) Chèvre. Voir BIQUE 1).
2) Chevalet. Voir BIQUE 3).
3) Petit tas de regain. Voir CABOSSÉ.

BÔCULON Voir BEÛCULON.
Variante : BOQUILLON.

BODATTE n.f. Nombril.
« *Boutonne ta chemise : on voit ta bodotte.* »
Même sens : BONDON 2), BOUTE 2.
Variantes : BODOTTE, BOUDATTE, BOUDETTE, BOUDLETTE, etc.

BŒUF n.m.
1) Bœuf.
2) Taureau.
« *Faut mener la vache au bœuf.* »
[Comme pour « œuf », la consonne finale [F] se prononce toujours, même au pluriel].

BŒUF (ALLER AU -) loc.v. Être en chaleur (d'une vache). [Partout].

BOIS n.m.pl. Fanes de pommes de terre.
Même sens : FONCHES, FRONCHES, HATUS.

BOIS DE CURÉ loc.nom.m. Charme, dénomination du bois de chauffage.
Variantes : BOIS DE PRÊTRE, BOIS D'ÉVÊQUE, BOIS DE RICHE.

BOIS D'EAU loc.nom.m. Gros madrier fixé en travers d'un chemin forestier, maintenant en place les bords d'une saignée, qui évite que ce chemin soit raviné par les pluies.

La scierie communale, outre les services qu'elle apporte aux habitants de la Haute-Meurthe et des environs, continuera de scier les « bois d'eau » nécessaires à l'aménagement des chemins forestiers et les planches et madriers nécessaires aux services techniques.

Les Annonces des Hautes-Vosges, 28-1-1990

BOÎTE n.f. Gros pétard [tiré généralement lors des mariages à la sortie de l'église].

BOLER Voir PISTELER.

BOLET n.m. Champignon [terme générique et non pas spécialement la famille *Boletus*].
« *Après l'orage qu'il a fait aujourd'hui, on pourra aller aux bolets, demain.* »

BOLIANT p.prés./adj. (prononcer bol-iant). Bouillant, dynamique, plein de vigueur. [Se dit aussi bien d'un animal que d'une personne].
« *Il était boliant son bouc, fallait voir les sauts qu'il faisait.* » (Conte recueilli à Anould, Hautes-Vosges).

BON RAT DE BON RAT excl. Bon sang de bon sang !
« *Bon rat de bon rat, tu ne peux pas faire un peu attention ?* »

BONDON n.m.
1) Verge d'un animal.
« *On vide l'animal, on l'échaude, on lui râcle le corps, on lui ôte soies et inglottes ; on lui fend le corps du haut en bas, on enlève le foie, la misse, le cœur, le mou, les rognons, le bondon, la toilette, les pannes de graisse, que sais-je encore ?* » (Anonyme, in J.-M. Cuny, *La cuisine lorraine*).
2) Nombril Voir BODATTE

BONGEOTTE Voir BAÛGEATTE.

BONNES (ÊTRE DANS SES -) loc.v. Être dans de bonnes dispositions.
« *Pauvre Césaré, à qui elle n'avait pas eu le temps d'avouer le baptême de ses deux derniers. Ne sachant comment le lui écrire, elle se réservait de le lui expliquer de vive voix, quand il serait dans ses bonnes. Et ce jour-là ne viendrait plus jamais.* » (A.-M. Blanc).

BOQUÈ (-ESSE) Voir BOSCOT.

BORGNE D'UN(E) ŒIL loc.adj. Borgne. [Partout].
« *Il est borgne d'un œil et aveugle de l'autre.* » [expression dont le comique provient de l'accumulation mais surtout pas du pléonasme].

BORILLER v.i. Danser d'une patte sur l'autre. [Se dit surtout

d'une vache qui s'apprête à vêler.] [Depuis Haye - fin].
« *Venez vite, monsieur le vétérinaire, la Blanchette ne décesse pas de boriller.* »
Même sens : PISTELER 3).

BORO n.m. Sorte de fourneau, spécifique de la Montagne. [Seul signifiant possible].
« *Le boro est un fourneau tronc-cônique en fonte formé d'éléments séparables empilés. L'élément inférieur porté par des pattes a un prolongement prismatique qui s'encastre dans le mur séparant le poêle de la cuisine (ce qui permet de charger le fourneau depuis la cuisine). L'élément supérieur comporte quelquefois un four.* » (S. Rattaire).

BOSCOT (-OTTE) n.m./adj. Boiteux.
« *Il fréquentait la fille de la boscotte-là, oh ! mais j'y ai mis le holà.* »
Même sens : BOQUÈ.

BOSÈ Voir FLATE.

BOSSATTE n.f. Brindille de bois.
« *Quand il était gamin, mon père allait tous les jours au Bois-Bénit chercher des bossottes pour sa mère.* »
Même sens : FAGUETTE, RABOUILLE.
Variante : BOSSOTTE.

BOSSE Voir BEUILLE 2).

BOTTE 1 Voir PÔCHON.

BOTTE 2 n.f. Fourrage vert, coupé le matin (ou le soir à la rosée) destiné aussi bien aux vaches qu'aux lapins.
« *On va aller à la botte avant de casser la croûte.* »

BOTTE (ALLER À LA -) loc.v. Voir HERBE (ALLER À L' -)

BOTTER v.i. Coller après les chaussures. [Se dit de la neige, de la boue, qui font des paquets.] [Partout].
« *C'est de la grasse neige, elle botte.* »

BOUÂLER v.i. Crier, pleurer. [Lorraine du Sud].
« *Elle bouâle grand de la journée après ses gosses.* »
Même sens : BRAIRE, MIAULER.

BOUBOUT Voir TOSSATTE 1).

BOUC 1. Voir BIQUE 2), BIQUE 3).

BOUC 2. n.m. Mâle de la chèvre, du lapin et/ou du mouton. [En ce cas, on précise de quel animal il s'agit.]
BOUC DE BREBIS : Bélier.
BOUC DE CHÈVRE : Bouc.

> Vends chèvres et bouc de chèvres, Tél. 29 ...
>
> *Les Annonces des Hautes-Vosges, 1-10-1989*

BOUC DE LAPIN : Lapin mâle.

BOUC DE MOUTON : Bélier.

BOUCHE (MAUVAISE-) loc.nom.f. Mauvaise haleine.

« *Et la mauvaise bouche que ça deun... le matin, surtout. J'ai toujours un si méchant hhalein que je fais sauver tout le monde, jusqu'à nos bêtes* ». (F. Rousselot).

BOUILLIR v.t.
1) Fermenter. [Se dit des fruits mis en tonneaux et destinés à la distillation.]
« *Faut toujours mettre un peu de sucre dans tes tonneaux si tu veux qu'ils bouent bien.* »
2) Distiller une eau-de-vie.
« *Tu amèneras ton bois, demain, on va bouillir ta mirabelle.* »

BOUILLOT n.m. Très courte ébullition, bouillon.
« *Tu leur donne juste un bouillot, juste pour les faire décrever, sans ça, tu abîmes tes fruits.* »

BOULE Voir BROCOTTE 2).

BOULE D'EAU Voir BEUILLE.

BOULER v.i. Effondrer. [Se dit d'une construction, d'un chargement.]

« *Le mur va bouler si tu ne le tançonnes pas.* »
Même sens : CAMBOULER, CHIER, CHITER, CUL-BOULER, FOIRER, VÊLER.

BOULET 1 Voir TOC 4).

BOULET 2 Voir TOQUÉE 1).

BOULON Voir 1) TOQUÉE 1. 2) TOC 4).

BOURGUIGNETTE Voir BIQUE 3).

BOURI excl. Cri pour appeler les canards. [Répété plusieurs fois.] [Partout].
« *Bouri, bouri, bouri, venez, mes canards !* »

BOURRER Voir BUQUER.

BOURRIAUDER v.t. Maltraiter, bousculer, secouer, faire du mal [Au sens propre comme au figuré.] [Partout].
« *Ne bourriaude pas l'enfant-là comme ça, tu vas finir par le faire vomir.* »

BOUSON n.m. Barreau, de chaise, d'échelle. [Montmédy, Pays-Haut, Verdunois, Woëvre].
« *Ne mets pas tes pieds sur les bousons de ta chaise, tu vas les casser.* »

BOUT Voir TOSSATTE 1).

BOUTE 1 n.f. Mensonge, blague, invraisemblance. [Lorraine du Sud].
« *Dire des boutes* » *:* Mentir.

BOUTE 2 Voir BODATTE.

BOUTEILLE n.f.
1) Biberon.
« *Il est déjà grand : il tient sa bouteille tout seul.* »
« *Qu'est-ce qu'il tosse bien sa bouteille.* »
2) Voir BEUILLE 1).

BOUTIQUE n.f.
1) Atelier du forgeron.
« *La boutique de l'Henri sera bientôt fermée : personne ne reprendra derrière lui.*
2) Babioles, choses, ustensiles hétéroclites, sans valeur et encombrants.
« *Débarrasse-moi de ça, ce n'est que de la boutique.* »
(On dit aussi : De la petite boutique.)

BOUTON DE GUÊTRE, - DE SOLDAT Voir PERMÈTÉ.

BOWOTTE n.f. Moucheron. [Partout].
« *Il a fallu que je me mouche, j'avais traversé un nuage de bowottes, j'en avais partout, dans les yeux, les trous de nez...* »

BRACO n.m. Rondin de bois de chauffage dont le diamètre est intermédiaire entre celui du rondin et celui du quartier. [Haye, Saintois].

« *Tu ne vas quand même pas me vendre de la charbonnette au prix du braco , non ?* »
Même sens : CALOT, COTION, LONE.

BRAILLATTE n.f. Braguette.
« *Ferme ta braillatte, ton zoiseau va sortir !* »
Variante : BRAILLETTE, BROILLOTTE, etc.

BRAIRE Voir BOUÂLER.

BRANCIER v.t./i. Vaciller, (se) balancer...
« *Chambollant et branciant sur ses maigres jarrets.* »
(Légende de Jean Meyon).

BRANDVIN n.m. Eau-de-vie. [Partout].
« *On va boire un petit coup de brandvin, ça va nous réchauffer.* »

BRANDVINIER s.m. Distillateur, bouilleur de cru.
« *Tu n'as qu'à aller chez le Paul, c'est le meilleur brandvinier du canton, dis-lui que tu viens de ma part.* »

BREBIS n.f.pl. Moutons.
« *Un petit troupeau de brebis, une quarantaine de bêtes.* »

BRESSAUD (FEU DE -) loc.nom.m. Feu qui ne prend pas ou qui brûle mal. [Se dit à Gérardmer et dans les environs. Fait partie du folklore dû à la

rivalité entre La Bresse et Gérardmer.]
« Tu nous fais un feu de Bressaud, rajoute un cotion de plus. »

BREULER v.i. Crier. [Se dit du taureau en furie ou de la vache rendue furieuse.]
« La vache n'arrête pas de breuler, faudra surveiller ça. »

BREUSIÂ, BREUSTEULÂ Voir HARTÂRE 3).

BRIMBELLE n.f. Myrtille. [Lorraine du Sud].
« On dit que les brimbelles c'est bon pour la vue et les intestins. »

Rallye des Brimbelles

UN BON CRU 89
Des milliers de fanatiques s'étaient donné rendez-vous pour cette troisième édition.

Est Républicain, 17-9-1989

BRIMBELLIER s.m. Myrtillier.
« Dans la forêt, les grands sapins faisaient parfois un espace plus aéré où parvenait un peu de soleil filtré par les hautes branches, un puits de lumière où s'épanouissaient au sol les brimbelliers aux baies replètes et les coussins potelés de bruyère. » (F. Martaine).

BRIOCHE n.f. Erreur dans le débitage d'une grume.
« Pour une brioche, le sagård a renvoyé le Didier Constant, un rude ouvrier pourtant. »

BRIQUER 1) v.i. Faire des éclairs.
« Rentrons vite, ça brique, on va avoir de l'orage. »
2) v.t. Frotter une allumette, un briquet. Voir FRITER.

BRISAQUE n.m./adj. Enfant (rarement adulte) qui casse tout. [Partout].
Même sens : HÂILLIF, HEILLANT.

BRISÉE Voir FRAYÉE.

BROCOTTE n.f.
1) Résidu du petit-lait que l'on obtient en faisant cuire ce dernier. [Massif montagneux].
« La « brocote » qu'il se confectionnait en faisant bouillir le petit-lait et en étendant l'écume jaunâtre sur une tranche de pain gris n'avait plus la saveur des premiers jours. » (F. Martaine).
2) Boue, gadoue, vase.
Même sens : BOULE, BROTTE, MADIATTE, MARAIS, MARGASSE, MARGATTE, PATIA.
3) Appareil culinaire comportant des grumeaux.

BROILLÂ Voir HARTÂRE 3).

BROILLER v.t.
1) Faire, fabriquer grossièrement, travailler sans compétence. [Lorraine du Centre et du Sud].
« Mais non, ce n'est pas comme ça qu'il faut faire, mais qu'est-ce que tu broilles, donc ! »
2) Casser.

29

« *Fais attention, tu vas le brouller.* »

BRONDER Voir ZOMBER.

BROSSIER v.i. Conduire le fumier dans les champs. [Montagne].

« *Quand il gèle, c'est le bon moment pour brossier.* »

BROTTE Voir BROCOTTE 2).

BROUSSINER v.imp. Bruiner, pleuviner, tomber du crachin. [Partout, sauf nord-meusien].

« *Il broussine comme ça depuis le matin.* »

Même sens : MOUSINER.

BRUAND n.m.
1) Crécelle. [Partout].

« *Tout fout le camp, on n'entend plus les bruands la Semaine Sainte. Le curé n'arrête même plus ses cloches.* »

Même sens : TARTELLE, TÉRETTE, TERLACATTE, TÉTRELLE.

2) « Crécellage ».

« *Quand les enfants passaient dans les maisons, après les bruands, pour réclamer une récompense, ils chantaient ... »*. (R. Wadier).

3) Crécelleur.

« *À la fin de la semaine sainte, les crécelleurs (les « brouants ») passaient de maison en maison pour récolter des œufs avec lesquels ils pourraient s'amuser, après que leurs mères les aient fait cuire durs et parfois les aient teints avec des pelures d'oignons.* »

« *Note : ce nom est très variable selon les régions. Il peut même être différent dans des villages très voisins : « bruyottes » à Gendreville, « brouette » à Malaincourt et « tétrelles » à Circourt-sur-Mouzon ».* (R. Wadier).

Variantes : BROUANT, BROUETTE.

BRUANDAGE n.m.
1) Action de créceller.
2) Epoque pendant laquelle on crécelle.

« *Dans le moment de Pâques, les enfants de chœur qui bruandent vont faire le tour à la fin du « bruandage ». Ils le font encore maintenant. Et alors, il quêtent, ils chantent.* »

BRUANDER v.i. Créceller.

BRUANDEUR n.m. Crécelleur.

BRÛLE n.m. Qualité de ce qui est brûlé. [Partout].

« *Ça sent le brûle.* »

BUANDERIE n.f.
1) Pièce où l'on prépare la nourriture des porcs. [Partout].
2) Voir CHAUDIÈRE 2).

BUQUER v.i.
1) Donner des coups de tête [en parlant d'un veau, d'un bélier, d'une chèvre...] [Partout].

Même sens : BOURRER, HEULER, HEUTER, TOQUER.

2) Trébucher.

« *Il a buqué sur une souche d'arbre et il s'a fait mal.* » (Nord-meusien).

BURE n.f.

1) Feu de joie allumé le mardi-gras ou le premier dimanche de carême. Feu du dônage comme de la Saint-Jean.

Les habitants de Verpellières maintenant les anciennes traditions organisent le samedi 11 février une bure à Verpellières. Buvette et vin chaud, dégustation gratuite de beignets. Feux d'artifice à 20 h 30. Embrasement de la bure à 21 h. Ambiance, déguisements conseillés.

Les Annonces des Hautes-Vosges, 12-2-1989

2) Feu (au charbon ou au bois) qui brûle bien et qui chauffe beaucoup.

« *C'est comme ça que tu penses à ton service, dis ?.. Qu'est-ce qui doit mettre du charbon dans le fourneau ? C'est-y moi, c'est-y le grand Turc ?.. Allez, bourre-moi ça vivement et fais-nous une bonne bûre. C'est pas le moment de laisser tomber le feu, on grelotte comme en plein hiver...* » (G. Chepfer, « Le Mimile sera coiffeur »).

Variante : BÛLE.

BZONDER Voir ZOMBER.

C

CABOSSÉ n.m. Petit tas de regain (parfois de foin) que l'on fait le soir afin d'éviter que la rosée (ou un orage) ne retarde trop le processus de séchage. [Depuis Plaine-sous-vosgienne - fin].

« *On fait des cabossés pour que le regain ne prenne pas la fraîcheur de la nuit.* »

Même sens : BOCATTE 3), CABRETTE, CHEVRETTE, MACHOT, MOUILLETTE.

CABRE Voir BIQUE 3).

CABRETTE Voir CABOSSÉ.

CACAGNE adj. Moche, vilain, laid, de mauvais goût. [Neufchâteau].

« *Leur appartement est d'un cacagne, des fanfreluches partout, des chromos, peluches, on se croirait à un stand de la foire.* »

CÂCATTE n.f.
1) Bavarde, grande langue. [Se dit d'une femme déjà avancée en âge.] [Lorraine du Sud].

« *Ah... ah !.. aah !.. aah !.. bêlait-il furieusement. Si cette chaîne maudite ne me sciait pas le cou, qu'est-ce que je vous conterais, câcattes, pinéguettes !..* ». (F. Rousselot).

2) Religieuse, bonne sœur.

« *Elle a été élevée chez les câcattes, il lui en reste quelque chose.* »

3) Grenouille de bénitier.

« *Même monsieur le curé a foutu la vieille câcatte-là dehors, il en avait marre de ses histoires.* »

Même sens : CÂQUILLAT, FOFLETTE, TARTELLE, TÉRETTE, TERLACATTE, TETRELLE.

CACHE n.f.
1) Truie.

« *Alors, grand'mère, Noé avait mis comme ça, dans l'arche, deux bêtes de chaque espèce ? – Oui... deux bêtes : un jâ et une poule ; un bouc et une bocatte ; un bigâ et une z'oie ; un père cocheun avec une cache...* » (F. Rousselot).

2) Injure adressée à une femme.

« *Espèce de ouette cache.* »

CACHETTE DÉLIVRANTE loc.nom.f. Cache-cache (jeu d'enfants).

« *Les grandes papotaient assises, un ouvrage à la main. Elles raccommodaient ou commençaient leur trousseau. Les petites jouaient à voix basse à la maman, à la corde, à la marelle ou à la cachette délivrante.* » (A.-M. Blanc).

Variante :
JOUER À LA CACHANTE, - À LA CACHETTE.

CÂCLER Voir CODASSER.

CADET n.m. Personne plus jeune que celui qui parle. [Appellation affective, se dit aussi bien à une femme qu'à un homme.]

« *Viens ici, mon cadet, t'auras du gâteau.* »

Même sens : DOUDOU.

CAFOURATTE Voir CALOUGEATTE.

CAGNE n.f. Terme d'injure appliqué à un homme comme à une femme.

« *Espèce de vieille cagne !* »

CÂGNER v.i.
1) Avoir les genoux tournés vers l'intérieur, et, par conséquent, marcher de façon défectueuse.

« *On ne pourra pas l'emmener promener avec nous, vous avez vu comme il câgne !* »

2) Ne pas être d'aplomb, pencher. [Se dit d'un meuble...] [Nord-meusien].

« *Le meuble-là câgne drôlement, faudra le recaler.* »

CAILLON n.m.
1) Désordre.

« *Ta chambre est un vrai caillon, tu vas me ranger ça tout de suite, une vache n'y retrouverait pas son veau.* »

« *Quand on a acheté la maison, t'aurais vu le câyon.* »

2) Bruit, chahut de potache...

« *On ne fout rien avec le prof-là, c'est tout le temps le caillon.* »

Variante : CÂILLON.

CAÏFFA n.m. Commerçant ambulant.

« *Victoire aimait sa gouaille, comme elle aimait se retrouver avec les autres villageoises, autour du Caïpha. Le jeudi, les enfants couraient à sa rencontre et l'aidaient à pousser sa charette pour soulager son vieux mulet. Arrivé sur la place de l'église, il soufflait dans sa corne et sans attendre sa clientèle, déballait tous ses trésors.* » (A.-M. Blanc).

CAISSE À LAVER Voir CHAIROTTE.

CALENDE n.f. Violente mais brève averse de pluie, neige ou grêle. [Plus ou moins spécifique du mois d'avril.] [Lorraine centrale et du Sud].

« *J'ai pris une calende sur le dos, me voilà tout canardé.* »

« *Les calendes d'avril.* »
Même sens : CHAOUÉE, HORLÉE, SÂWÉE, VÂNÉE, WARBÉE.

CALOFFE Voir COFÂILLE.

CALOT Voir BRACO, QUARTIER, SOQUETTE, TOC 2).

CALOTTE DU GENOU loc.nom.f. Rotule. [Lorraine du Nord].
Même sens : JOUETTE, ROULETTE DU GENOU.

CALOUGEATTE n.f. Recoin, réduit, cagibi, petite cabane (généralement sans fenêtre), appentis.
« *Le lendemain même, le ban-ouâ venait chercher le Batisse et l'installait dans son nouveau logis, près de l'école. Le maçon avait blanchi à la chaux la calougeatte...* » (F. Rousselot).
Même sens : CAFOURATTE.

CALOUGNE Voir BEÛLOUX.

CALOUGNER v.i. Loucher.

CAMBOULER
1) v.i. Voir BOULER.
2) v.t. Jouer au jeu de massacre.
« *On va cambouler le Bismarck.* »

CAMP VOLANT (-ANTE) loc.nom.m.

1) Nomade, bohémien, romanichel, chemineau, personne sans domicile fixe.
« *Le Jean-Glaude avait pu sauver son vélo des Boches, heureusement, quand ils ont fait la grande rafle, il nous a bien servi, de temps en temps, il me traînait dans la remorque pour les descentes et on poussait tous les deux dans les grimpettes. Vous auriez bien rigolé si vous nous aviez vus, des vrais camps volants, rien n'y manquait...* » (G. Chepfer, « Après le coup de balai, le coup de torchon »).
2) Profession non sédentaire, vannier, par exemple.
« *Ferme la porte, voilà encore les camps volants.* »
3) Personne peu recommandable, brigand.

Une fausse-note quand même à regretter : le vol (non pas du bourdon) mais de l'auto-radio du Belly fils commis place de la Mairie par un « camp volant » qui a profité du concert pour « en jouer un air », détalant ensuite à toutes jambes sans demander son reste.

Les Annonces des Hautes-Vosges, 3-12-1989

4) Personne mal habillée, dépenaillée.
Même sens : CHARPAGNATTE.

CAMPOUSSER
1) v.t. Pousser devant soi un troupeau (gros ou petit bétail).
« *Le chien a campoussé les vaches, il a bien fallu deux heures pour les récupérer.* »
2) v.pron. (au figuré) Se bousculer, se succéder.

« *J'ai vécu là des heures enchantées. Les images, se campoussant dans un trésaillement de lumière, transformaient sans cesse le radieux panorama.* » (F. Rousselot).

CANARDÉ adj. Trempé par une intempérie. [Montmédy, Woëvre, Barrois].
« *L'orage m'a pris, en cinq minutes, j'étais tout canardé.* »

CANEÇON n.m. Caleçon. [Partout].
« *L'après-midi, j'ai été à des courses en bateaux dessur l'eau, mais j'aime pas les affaires-là, oh !!! que je fais... ; je crie à chaque instant, j'ai toujours peur qui n'en ait qui se noyent, des jeun' hommes-là. Heureusement qu'y sont en caneçon, pas habillés, pa'ce qu'y se saliraient bougrement.* » (G. Chepfer, « Le 14 juillet »).

CANSE (FAIRE -) loc.v. Faire semblant. [Partout].
« *C'est un vrai truand : pour ne pas travailler, il fait toujours canse d'être malade.* »
Variante : FAIRE CRANSE.

CAPABLE adj. Intelligent, doué, compétent.
« *Pourquoi que tu ne travailles pas, puisque t'es capable ?* »

CAPABLE À loc.adj. Capable de.
« *L'autre-là, il est capable à tout.* »

CAPITE n.f. Jeu de billes.
« *Elles ne manquaient pourtant pas : les bêtes à garder au long des chemins, la rivière à explorer, les têtards à pêcher, les escargots et les hannetons à ramasser pour les poules, les roues de vélo à transformer en cerceau, les courses à organiser, le bâtonnet de la guiche à effiler, les billes à retrouver, les parties de capite, d'osselets, les concours de coudebayotte dans les prés, sous le bois, [...]* »
(A.-M. Blanc).

CÂQUE n.m. Trognon (du chou...) [Montagne].
« *Mes choux ne tournent pas, encore une année où je n'aurai que des câques.* »
Même sens : CRÂCHE, TOC1).

CÂQUELER Voir CODASSER.

CÂQUILLÂT (- ÂTE) s.m./f./ adj. Bavard.
Voir CÂCATTE.

CÂQUILLER v.i.
1) Voir CODASSER.
2) Bavarder [péjoratif, surtout en parlant des femmes].

CARAFOUCHTRA Voir CARAMAGNÂ.

CARAMAGNÂ n.m.
1) Chaudronnier ambulant, rétameur. [Partout].
« *C'est bientôt la fête : le*

caramagnâ ne va pas tarder, la pluie non plus. »

2) Chemineau, nomade, bon à rien [péjoratif].

« *Il a fallu qu'un peu après les Boches nous chassent de chez nous, avec not' petit ballot et quelques billets de cent francs dans not' poche pour nous envoyer aux cinq cents diables. Avec ça qu'y paraît, qu'y z'ont ramené à not' place des caramagnas de ne je sais pas où ! Ah ! y z'ont dû en faire du propre les romanichels-là ! Qu'est-ce que nous allons retrouver dans nos pauvres bicoques qu'on avait déjà remises debout après l'autre guerre croyant si bien que c'était la dernière.* » (G. Chepfer, « Après le coup de balai, le coup de torchon »).

Même sens : CARAFOUCHTRA, FOUCHTRÂ, MAGNIER.

CARÊME (FAIRE LE -) Voir FAIRE LE MARS.

CAROSSE Voir CHAIROTTE.

CASEMATE n.f. Sorte de table sur laquelle on fait égoutter les fromages.

LE « BLANC » DE VARCIVAUX

Cherchez pas midi à 14 h, c'est du « Munster », du vrai, épais, onctueux et blanc comme neige. Pour le faire, il faut de la matière première, à savoir du lait entier. De la présure, on en met lorsque le produit des mamelles est encore tiède. (...).

La table à fromage, on nomme cela une casemate. Elle est propre comme un sou neuf et pourtant elle ne date pas de l'an passé.

Les Annonces des Hautes-Vosges, 21-1-1990

CASSE-CARREAUX Voir BIGÔNE.

CASSIS n.m. Caniveau, fossé.

« *La petite vanne au-dessus de la Costelle à Fraize, et qui sert à alimenter en eau le cassis longeant les rues de la Costelle et de l'Eglise a été refaite à neuf à la fin d'octobre 1886, sous ma direction. Elle a coûté 50 francs 50.* » J.-B. Haxaire, in *Les Annonces des Hautes-Vosges*, du 29-10-1989).

CASSOT Voir ÉCAILLE.

CASUEL adj. Fragile, cassant, cassable. [Lorraine du Centre et du Sud].

« *Ne joue pas au ballon près de la maison : les vitres, c'est casuel comme tout.* »

CATHERINETTE n.f. Coccinelle. [Depuis Montmédy - Woëvre].

Même sens : CHÈRIGÔGOTTE, MARCHAUX, MARGUERITE.

CATICHE n.f. Poupée de chiffon. [Lorraine du Nord].

« *À ton âge, ma fille, il y avait longtemps déjà que je ne jouais plus avec mes catiches, tu as l'air de quoi.* »

Même sens : CATIN, CHONCHON, FANCHON, GUENICHE, GUENON, TONTICHE.

CATIN Voir CATICHE.

CAUSER
1) v.t. Être en bons rapports avec quelqu'un, parler avec quelqu'un.
« *Depuis l'histoire-là, le Léon, je ne le cause plus.* »
2) v.pron. Courtiser, se fréquenter...
« *Le Pierrot et la Sylvie se causent, c'est peut-être pour le bon motif.* »

CAYATTE n.m./f./adj. Roux, rouquin.
« *Les cayattes, ça ne vaut rien, il faut s'en déméfier, et puis, ils puent !* »

CENDRIER n.m. Grosse toile servant à
1) conserver les cendres et à couler la lessive
« *Il existe encore près de quelques vieilles fermes gérômoises une voûte en granit ressemblant à une entrée de tunnel. C'est sous cette voûte que l'on faisait brûler le bois pour en obtenir la cendre. Cette cendre mélangée à l'eau donnait une solution potassique. Elle était filtrée sur une grosse toile appelée « cendrier ». (C'est aussi le nom que l'on donne aux toiles qui servent encore pendant la fenaison à rentrer le foin dans nos montagnes).* » (R. L'Hôte).
2) à rentrer le foin
3) transporter les débris de paille ou de foin après qu'on a nettoyé une grange, un grenier :
4) contenu de 1, 2 et 3.
Même sens : FIEUREILLE, LINÇU.

CERCENAGE n.m. Pratique qui consiste à découper une lanière d'écorce pour faire périr un arbre. [Massif montagneux].
« *[L'homme] pratiquait le « cercenage », c'est-à-dire qu'il écorçait (en forme de cercle), chaque pied d'arbre à supprimer, de manière à les faire sécher sur place, pour ensuite les brûler.* » (J. Saltel).

CERCENÉE n.f. Terrain défriché par le cercenage.
« *Un lieu de défrichement par séchage sur pied, se nommait alors une « Cercenée », nom de lieu très courant dans toutes les Hautes-Vosges.* » (J. Saltel).

CHAC interj. Aïe (souvent répété 2 ou 3 fois ; s'emploie à propos d'une brûlure occasionnée par la chaleur, une ortie, etc.).
« *Chac ! chac ! chac ! faut avoir les doigts ferrés pour tenir ça !* »
Variante : CHOC.

CHAIROTTE n.f. Caisse à laver dans laquelle la laveuse se met à genoux pour faire sa lessive.
« *Il s'en va à la fontaine. Il y avait cinq ou six femmes qui étaient là à genoux dans leurs « chairottes » (petites caisses).* » (R. Wadier).
Même sens : CAISSE À LAVER, CAROSSE.

CHALANDE n.f.
1) Tarte [hors-d'œuvre ou

dessert]. [Barrois, Vôge, Hautes-Vosges].
« *Vous prendrez bien encore une pièce de la chalande aux mirabelles, nemme donc.* »
2) Quiche. [Lorraine du Sud].

CHAMAGNON n.m.
1) Habitant de Chamagne (88, Charmes).
2) Colporteur, commerçant ambulant.
« *Le colporteur lorrain, nos grands-parents l'appelaient le « menteur », le « montreur » ou le « chamagnon ».* » (J. Lesueur).

CHAMBOLER v.i. Zigzaguer, tituber. [Sous l'effet de l'ivresse ou non].
« *Chambolant et branciant sur ses maigres jarrets.* » (Légende de Jean Meyon).
Variante : CHAMBOULER.

CHAMBOULE-TOUT n.m. Jeu de massacre.

Feu de la Saint-Jean

Samedi à partir de 20 h. Nombreux stands : fléchettes, chamboule-tout... Grâce aux Parents d'Élèves, un bal champêtre égaiera cette soirée. Venez nombreux.

Les Annonces des Hautes-Vosges, 9-7-1989

Variante : CAMBOULE-TOUT.

CHAMBRE (BELLE-) Voir POÊLE.

CHAMBRE DE (DU) DEVANT Voir POÊLE.

CHAMBRE DE FONTAINE loc.nom.f. Regard, chambre de décantation située entre le captage d'une source et l'habitation qu'elle alimente.
« *Une chambre de fontaine, ça se nettoie au moins une fois par an.* »

CHAMPÊTRE Voir BANGARD.

CHAMPS-GOLOT loc.nom.m.pl. Tradition particulière aux enfants d'Épinal et de Remiremont, qui consiste à faire naviguer, l'après-midi du Jeudi Saint, des petits bateaux faits de papier ou de boîtes de fromages surmontés d'une bougie allumée, dans les caniveaux de la ville. (trad. lit. : « Les champs coulent »).
« *Les champs golot
Les loures revot
C'est un grand bien
Pour les chats et pour les chiens
Et pour les gens tout aussi bien.
Tel était le chant des Pinaudrés lorsqu'à la fin de l'hiver ils fêtaient le proche printemps en faisant voguer les chandelles (restes des loures), collées à des planches, fonds de boîtes, sur les eaux qui sillonnaient la Grand-Rue (Hôtel-de-Ville) dans toute sa longueur.* » (R. Javelet).

CHÂNETTE n.f.
1) Chéneau, gouttière. [Partout sauf Argonne, Verdunois, Barrois, Void].

« *Il y a des gouttières à nos chânettes, il faudra pourtant songer à les réparer.* »

2) Tuyau en zinc ou en grès permettant d'évacuer l'eau de pluie des gouttières.

Variante : CHÂNATTE, CHÂNOTTE, CHANLATTE, CHANLETTE.

CHANGE n.m. Échange.

« *On a fait un change avec le Maurice : on s'a arrangé pour faire notre remembrement entre nous.* »

CHANOTTE n.f. Coquelicot. [Toulois].

CHANOTTE (QUICHE À LA -) loc.nom.f. Tarte dont la garniture est faite de graines de « pavot » (coquelicot) écrasées et mélangées avec des œufs et du lait. La bouillie doit rester assez consistante. (Recette du Toulois).

« *Après la quiche à la chanotte, t'as pas besoin d'être bercé pour faire un somme.* »

CHANVEUX adj. Fibreux et sec. [Se dit de légumes tels que : carotte, navet, radis, betterave, et même de plantes ligneuses.] [Assez général].

« *Le bouleau, c'est trop chanveux, ça ne fend pas.* »

Même sens : FEUNETRÉ.

CHANVIÈRE n.f. Chenevière, jardin.

« *C'était l'histoire d'une chèvre qui avait fait des dégâts dans des jardins, dans des « chanvières » et puis qu'on amenait au tribunal avec son patron pour y être jugée.* » (R. Wadier).

CHÂOUÉE n.f.
1) Grosse averse. Voir CALENDE.
2) (au figuré) Inondation.

« *Et il se lavait, et j'te lave, et j'te r'lave, des pieds à la tête et de la tête aux pieds. Il n'en finissait pas ! et un' châouée dans la cuisine !* » (G. Chepfer, « Les joies du retour »).

CHAPELLE n.f. Reposoir (pour une fête religieuse).

« *La Fête-Dieu : Les filles faisaient une « chapelle » et les hommes allaient au bois pour chercher ce qu'on appelle des « mazos ». C'étaient de grandes perches qui avaient quatre ou cinq mètres de long. On plantait ça de manière à encadrer sur trois côtés...* » (R. Wadier).

CHARBONNÉE Voir COCHONNÉE.

CHARBONNETTE n.f. Bois de chauffage dont le diamètre est intermédiaire entre celui du fagot et celui du rondin. [Parfois revient au bûcheron qui peut le céder à des particuliers, à charge pour eux de la façonner et de laisser la « coupe » propre.]

A VENDRE : Belle grosse charbonnette sèche.

Les Annonces des Hautes-Vosges, 15-11-1987

CHARGANTER
1) v.pron./v.i. [(se)] Balancer. [Lorraine centrale et de l'Est].

« *Eh ben ! justement, je veux me mettre du côté-là, que lui répond l'endévée, parce que c'est plus beau et qu'on va plus haut en chargantant. !* G. Chepfer, « La femme qui se noie »).

2) v.i. Bercer (en enfant...).
Même sens : (HOCHER 3).

3) v.i. Hésiter...
« *Enfin, il n'y a qu'entre le Popol Barate et le Jean-Glaude Fristot que j'ai charganté un moment pour choisir l'un ou l'autre.* » (G. Chepfer, « La Pétronille se remarie »).

CHARGE (AVOIR UNE BONNE -) loc.v. Être ivre, soûl.
« *Le Léon, il avait une bonne charge l'autre soir : il a dormi dans le fossé.* »
Variante : ÊTRE CHARGÉ.
Même. sens : AVOIR UNE BONNE HOTTE.

CHARIVARI n.m. Tumulte et plaisanteries à l'occasion d'un « bassinage ».
« *Ils se devaient de sauver le patrimoine des enfants et Céline comprenait bien qu'ils ne pourraient rester, côte à côte, à travailler sous le même toit sans faire jaser à la longue. C'est ainsi qu'ils s'épousèrent. Il n'y eut pas de charivari.* » (A.-M. Blanc).

CHARPAGNATTE
1) Voir CAMP VOLANT 4).
2) Vannier, fabriquant de paniers.

CHARPAGNE Voir BAÛGEATTE.

CHARRUE (ALLER À LA -) loc.v. (Aller) Labourer.
« *La terre est trop sale pour aller ò la charrue.* »

CHAT (PRENDRE LE -) Voir TUER LE CHIEN.

CHATTE n.f. Chat (qu'il soit male ou femelle). [Depuis Pays messin - fin].

CHAÛCHER v.t.
1) Tasser, en les piétinant, le foin, la paille. [Depuis Haye - fin].
« *Les râces ont bien sué en chaûchant la tesse de foin.* »
Voir BALER, PISTELER.
2) Presser (le raisin), fouler au pied.
3) Couvrir, s'accoupler (principalement en parlant des oiseaux).

CHAUDÉ 1) Voir CHOQUÉ.
2) n.m. Gâteau.

CHAUDER v.t.
1) Échauder (sens propre et figuré).
« *Pour le coup, il a été chaudé ; il n'est pas près de recommencer.* »
2) Brûler (sens propre et figuré).

CHAUDIÈRE n.f.

1) Grand récipient dans lequel on fait cuire la pâtée des porcs ; les jours de fête, éventuellement, le pot-au-feu ; il peut servir en outre à faire la lessive.

« *Dans un vieux et grand chaudron fêlé qui ne pouvait plus servir qu'à cela, Mélanie avait gardé toutes les cendres de la maison, celles du foyer, du fourneau, du poêle et celles de la chaudière où elle préparait la nourriture des cochons.* » (A.-.M. Blanc).

2) Pâtée des cochons.

Même sens : BUANDERIE, HOMEÛRE, TOUILLON.

CHAÛDÛRE n.f. Ortie. [Montmédy, Gaume, Pays-Haut, Paysmessin, Seille].

« *Son jardin est plein de chaûdûres, il ne récoltera rien.* »

Même sens : CHOCATTE, CHOCOTTE, CHOQUESSE, ÉCHAÛDÛRE.

CHAÛPÈ-CUL n.m.

1) Églantier. [Montagne].

2) Cynorrhodon (fruit de l'églantier).

« *Devant un rosier sauvage, elle se rappela les petits paniers qu'elle se tressait pour y déposer les « chopéku », ces petits fruits rouges de l'églantier qui représentaient dans ses jeux des pommes ou des œufs.* » (F. Martaine).

Même sens : CUL DE CHIEN.

CHAURÉE n.f.

1) Bouffée de chaleur. [Se dit notamment des femmes, au moment de la ménopause.] [Partout].

« *J'y ai dit que j'avais souvent des chaurées rapport à mon retour d'âche, que j'étais flaxe... qu'un rien me fatiguait...* » (F. Rousselot).

2) Suée.

« *Le vide qu'elle [sa mère] avait laissé, avec l'incertitude de son propre avenir, lorsqu'elle les réalisait ainsi, lui donnaient de brusques chaurées.* » (A.-M. Blanc).

CHAVANDE n.f.

1) Bûcher, généralement assez ou très élevé, installé lors de différentes fêtes.

Xonrupt-Longemer

SOCIÉTÉ DES FÊTES. Pour le feu de la Saint-Jean, le 15 juillet au lac de Longemer, des volontaires sont demandés pour couper le bois nécessaire à la construction de la chavande. Rendez-vous le samedi 3 juin à 8 h 30, place de la Mairie (se munir de haches et tronçonneuses).

Les Annonces des Hautes-Vosges, 4-6-1989

CHÉCHAT n.m. Sexe masculin, y compris les testicules. [lit : Le petit sac].

« *Premièrement le cabinet-là [le bidet] était vraiment trop bas, j'avais les genoux qui m'touchaient le menton pi y avait pas de planche en plastique comme chez l'docteur Henri, et en plus j'avais l'chéchât qui traînait dans l'fond d'la cuvette !* » (G. Goulon).

CHEMIN DE SAINT JACQUES loc.nom.m.
1) La voie lactée. [Partout].
2) Dans l'expression :
FAIRE LE CHEMIN DE SAINT JACQUES :
a) Perdre quelque chose en route du fait d'une poche trouée ou d'une circonstance similaire.
« *Eh, ta poche est trouée, tu fais le chemin de saint Jacques, tu perds toutes tes billes.* »
b) S'oublier [d'un enfant qui a « fait » dans sa culotte et dont les excréments dégoulinent le long des jambes].

CHÈRE SŒUR loc.nom.f. Religieuse, « bonne sœur ».
« *C'était un Barbard d'Amanty. Il n'était ni croyant, ni rien du tout, il était athée. Il avait une sœur qui était chère sœur. Ils couchaient dans la même chambre, l'un dans un lit, l'autre dans un autre, les deux lits étant bout à bout.* » (R. Wadier).

CHÈRIGÔGOTTE Voir CATHERINETTE.

CHESSURE n.f.
1) Lanière du fouet. [Partout].
Variante : CHASSEÛR.
Même sens : MÎSSE 2.
2) Le fouet lui-même.
« *Ils ont eu de la chance. Il est passé un charretier avec sa chasseur, sa « cougie » (fouet) comme on disait en patois.* » (R. Wadier).

CHEULARD adj.n.m.
1) Gourmand (en nourriture comme en boisson).
« *Et dire qu'il ne reste plus rien de toute les bonnes choses-là ! Vous allez nous trouver rudement cheulards, mes cousins.* » (G. Chepfer, « La première communion du gamin »).
2) Ivrogne.

CHEULER v.i.
1) Manger goulûment.
2) Boire, s'adonner à la boisson.
« *Il avait bien cheûlé, l'autre soir, il était morzif.* »

CHEVELOTTE adj.f. Onctueuse [en parlant d'une quiche, d'une cuisson].
« *La quiche doit être chevelotte, c'est-à-dire onctueuse (pour cela la crème doit largement dominer l'œuf) et mangée brûlante.* » (J.-M. Cuny).

CHEVILLE DE PIED loc.nom.f. Cheville (du corps humain). [Moitié est de la Lorraine].
« *J'ai mal la cheville de pied, les deux !* »

CHÈVRE Voir BIQUE 2), BIQUE 3).

CHÈVRE (FAIRE VENIR -) loc.v. Rendre fou, assoter, faire tourner en bourrique.
« *Tu me fais venir chèvre avec tes histoires.* »

CHEVRETTE Voir BIQUE 3), CABOSSÉ.

CHEZ prép. Dans les expressions :

CHEZ EUX loc.adv. À la maison, chez soi.

« *On était dans l'hiver de 1840 à 1841, qui a été si rigoureux ; nous avions froid à l'atelier et même au lit, plusieurs fois, nous nous sommes relevés la nuit pour faire du feu à l'atelier pour nous chauffer. Mes camarades d'atelier ont perdu courage et sont rentrés chacun chez eux pour passer un quartier d'hiver, en attendant la bonne saison. Resté seul à l'atelier, je me suis découragé à mon tour et je me suis décidé à revenir chez moi, mais pour y rester.* » (J.-B. Haxaire, in *Les Annonces des Hautes-Vosges*, du 21-5-1989).

CHEZ NOUS loc.adv. À la maison, chez soi.

« *J'avais à peu près onze ans. Je ne suis pas près de l'oublier. J'étais chez nous, ma mère était là. Mon grand-père était parti avec les biques les emmener au champs en les tenant toutes les trois par une triple chaîne.* » (R. Wadier).

CHEZ VOUS loc. adv. Dans votre maison, chez toi.

« *Tais-toi donc, bavard de Doudou, et va-t-en voir chez vous si j'y suis...* » (G. Chepfer, « Le bureau a secret »).

CHICHE
1) n.f. fruit séché.
« *Au sec, dans les armoires profondes du poêle, étaient rangés dans des sacs de toile ou des corbeilles, des chiches : pommes, poires coupées en lamelles, questsches et mirabelles séchées au four, lentilles, haricots secs, quelquefois des fèves ; dans des pots, les confitures sans sucre, surveillées pendant des heures, le miel et les plantes médicinales.* » (A.-M. Blanc).

2) adj. Ridé. Voir CRÂPI.

CHIE-AU-NID Voir CULOT.

CHIEN 1 Voir PÈRMÈTÉ.

CHIEN 2 n.m. Alcool quelconque, de mauvaise qualité. Voir SCHNAPS.

CHIEN (TUER LE -) loc.v.
1) Rentrer la dernière voiture de foin, de céréale, achever un gros travail.
2) Faire une fête à cette occasion.
Même sens : PRENDRE LE CHAT

CHIER v.i. Voir BOULER.

CHIER Dans les expressions :

CHIER DANS LES BOTTES, CHIER DANS LA POCHE loc.v. Jouer un tour à quelqu'un, le tromper, avoir un comportement à la limite de la malhonnêteté.

« *Il m'a chié dans la poche une fois, maintenant, il peut toujours se brosser !* »

CHIER SUR SES (LES) ŒUFS loc.v.

1) Quitter, abandonner le nid. [Void, Vôge].
2) (sens figuré) Abandonner quelqu'un ou quelque chose de façon un peu honteuse.
Même sens : REGIBER.

CHIQUE 1
1) Bille (jeu d'enfant). [Partout].
Dans le Bassigny, même les filles jouent aux chiques »
2) Objet (ou récolte) dont la taille est jugée trop petite.
« L'un recevait les gros tubercules à usage familial, l'autre les moyennes pour la semence, le dernier, celles destinées aux cochons, les chiques, les dégénérées, les abîmées par la charrue ou les coups de pioche. » (A.-M. Blanc).
3) Hématome ou œdème à la joue à la suite d'un coup ou d'une rage de dents.
« Chaque fois que j'ai mal les dents, j'attrape une de ces chiques ! ».

CHIQUE 2 n.m. Fromage blanc [généralement assaisonné avec sel, poivre, ail, échalote, ciboulette et crème fraîche].

Foire paysanne et artisanale

Elle aura lieu lundi 14 juillet. Durant toute la journée, l'artère centrale du village sera occupée par les très nombreux paysans qui proposeront leurs produits : fromages, munster, chèvre, chic, confitures, miel, volailles, fruits et légumes ; (...) Venez-y nombreux !

Les Annonces des Hautes-Vosges, 13-7-1986

CHIQUER v.i. Avoir de la chance.
« On a rentré le foin juste avant l'orage, on a rudement chiqué. »

CHIRER v.t. Égratigner, déchirer, abîmer. [Montmédy, Pays-Haut].

CHITER Voir BOULER.

CHITTE n.f.
1) Diarrhée. [Partout].
Même sens : DÉCLICHETTE, TRISSE.
2) Chiure de mouche. [Montmédy, Pays-Haut].
Variante : CHISSE.

CHLÂGUE n.f.
1) Gros chargement. [Nord-meusien].
2) Fessée, correction. Voir ROUFFE.

CHMAQUER v.t.
1) Sentir (aux sens actif et passif). [Lorraine de l'Est].
« Je chmèque ièque de bon sur le fourneau. »
2) Flairer.
Même sens : FIÂRER, NOTER.

CHMOUTSE Voir BÂ.

CH(E)NAÛLE n.f. Collier [en bois autrefois, en métal aujourd'hui] pour attacher une vache à l'étable. [Montagne].

> **VENDS** sommier métallique 140/190, siège de R16, schnolls en fer, chariot à pneus avec plateau.
>
> Les Annonces des Hautes-Vosges, 12-11-1989

CHOBIONQUÉ adj. Vermoulu. [Montagne].
« *Le plancher est tout chobionqué.* »

CHOCATTE, CHOCOTTE Voir CHAUDÛRE.

CHON n.m.
1) Lard frit. [Partout].
Voir : CHOVON, CRÈTON.
2) Résidu de saindoux (panne de porc fondue).
« *Aidée de sa marraine, Mélanie avait les yeux partout, sur le travail de chacun pour le faciliter, la propreté des boyaux qui rentraient de la fontaine, la panne coupée en morceaux menus qui fondaient pour le saindoux, la couleur des chons qu'elle récupérait prestement pour les mettre dans le boudin qui mijoterait doucement…*». (A.-M. Blanc).

CHONCHON Voir CATICHE.

CHOPOTER v.imp. Gargouiller (en parlant du bruit que font les chaussures pleines d'eau). [Montagne].
« *J'ai marché dans une flaque d'eau, j'ai les souliers qui chopotent.* »
Même sens PINCHER 2), PUISER, TIAFFER, WÂCHER.

CHOQUÉ adj. Brûlé par le soleil, par une cuisson trop rapide. [Depuis Pays-Haut - fin].
« *Pour fêter la bienvenue, en ces jours de fêtes patronales, on offre, chez nous, une bonne petite « lisquette » de quelque chose – du raide ou du doux – et puis, censément pour vous ouvrir l'appétit, en pleine table chargée de fruits mûrs, on étale la « quiche », la grosse quiche lorraine, appétissante et tentante, croustillante et « choquée », semée de « chons » de lard bien juteux, la quiche qu'on assaisonne de vin gris…* » (E. Badel).
Même sens : CHAUDÉ, HAPPÉ.

CHOQUESSE Voir CHAUDURE.

CHOU-FLEUR n.m. Champignon comestible (Sparassis crispa).
« *Le chou-fleur est toujours à moitié enterré, mais comme il sent fort, tu peux le trouver au nez, ça m'est déjà arrivé plus d'une fois.* »

CHOUCHETTE n.f. Voir CHOUCHOUTE.

CHOUCHOUTE n.f. Mèche de cheveux, épi.
« *Les joues en feu de s'être tant précipitée tout le jour, elle réajustait son bonnet dont s'échappaient quelques chouchoutes.* » (A.-M. Blanc).
Même sens : CHOUCHETTE, CHOUPETTE.

CHOUILLE n.f. Fête entre étudiants, jeunes...
« *Ça va pas ce matin : on a fait la chouille toute la nuit, je suis drôlement ensuqué.* »

CHOUPETTE Voir CHOUCHOUTE.

CHOURETTE n.f. Jeune truie qui a ses premières chaleurs. [Montmédy, Gaume, Pays-Haut].
« *Faudrait pas tarder à conduire la chourette au mâle.* »

CHOVON n.m.
Mince tranche de lard cuite à la braise.
« *Les Parisiens, ils auront beau faire, ils ne sauront jamais ce que c'est bon des chovons avec des pommes de terre à la braise !* »
Même sens : CHON, CRÈTON.

CHÔYER v.t. Choyer, câliner (on prononce : chô-yer).
« *Vous pensez que je l'ai invitée de bon cœur et que je lui ai dit qu'elle serait bien reçue, et choyée, et gossée et tout...* »
(G. Chepfer, « À la guerre comme à la guerre »).

CHÔYON n.m./adj. Câlin.
« *Viens faire un chôyon, mon homme.* »
Même sens : FÂILLÂT 2).

CHPOUNTZ n.m. Lorrain germanophone, Alsacien. (Toujours péjoratif).
« *On ne pourra jamais s'entendre avec les Chpountz : c'est pas les mêmes que nous.* »

CHTEÛ n.m. Saignée pratiquée transversalement dans un chemin forestier en pente. (Les bords sont constitués de deux madriers équarris, maintenus écartés par des tiges métalliques.) [Massif vosgien].
« *Après l'orage, les chteûs sont pleins, faut dire aux Eaux et Forêts qu'ils les vident, parce que sinon, ils ne servent plus à rien.* »
Même sens : BÂCHON, COULANT, ÉCHARPE, GOMBÉ.

CHTOCOTTE Voir TOC 4).

CINAU Voir SOLEIL.

CLAIR adj. Dans l'expression :
UN ŒUF CLAIR : œuf non fécondé.

CLAIRER v.i. Éclairer, briller. [Se dit d'un feu qui « blame » bien.]

CLAMBOCHER v.i.
1) Boîter.
« *Depuis mon accident, je suis comme « Le Messager Boiteux » : je clamboche et je fais le changement de temps.* »
2) Avoir une mesure irrégulière. [Se dit surtout d'une horloge mal calée et dont le mouvement est mal réglé.]

CLÂRTEUX adj. Clair, lumineux, ensoleillé. [Se dit d'un logement...]

> ... nous constatons que le collège peut recevoir 250 élèves, est spacieux, fonctionnel, clarteux et agréable (il nous donne l'envie de retourner en classe).

Les Annonces des Hautes-Vosges, 27-12-1981

CLENCHER v.t. Faire fonctionner une clenche, la poignée d'une porte.
« *Clenche ta porte, voyons, tu fais des courants d'air.* »
Même sens : ENCLENCHER.

CLOUSSE n.f. Mère poule qui élève des poussins. [Partout].
Variante : GLOUSSE.
Même sens : COUVRASSE 1).

CLOUSSER Voir CODASSER.

COCÂQUER Voir CODASSER.

COCHE n.f. Faîte du toit. [Montmédy, Pays-Haut, Argonne].

COCHON DE SAINT ANTOINE loc.nom. Cloporte. [Partout].

COCHONNÂTE n.f. Charcuterie : pâté, terrine.
« *On avait expédié un modeste pot-au-feu, puis un pâté que la femme du sacristain, la Vitaline, cordon-bleu du village,* *avait confectionné avec un lapin mélangé de cochonnâte ; (...).* » (F. Rousselot).

COCHONNÉE n.f. Présent offert aux voisins, amis et/ou notables du village lors du tuage du cochon. Sa composition est très variable.
« *Les « parts » de la Haute-Marne, appelées charbonnée ou cochonnée en Meuse, et le repas à base de cochon ont, à y bien regarder, (...) une fonction commune : outre celle déjà mentionnée de « ciment social », ils permettent tous deux d'utiliser à des fins alimentaires immédiates ce qui doit être consommé rapidement.* » (C. Méchin).
Même sens : CHARBONNÉE, GRILLADE.

COCO Voir BÂ.

COCOTTE n.f. Pomme de pin, de sapin, de résineux en général. Cône de résineux.
« *Les Allemands ! Même les cocottes de pin qu'ils viennent ramasser. Paraît que c'est pour faire des couronnes mortuaires !* »

CODÂQUER Voir CODASSER.

CODASSER v.i. Crier, glousser [en parlant d'une poule]. [Pays-Haut].
« *C'est pas toujours la poule qui codasse qui a fait l'œuf.* »
Même sens : CÂQUELER, CÂQUILLER, COCÂQUER, CODÂQUER, CLOUSSER, TIAQUER.

CŒUR (DONNER BON -) Voir BÂ.

COFÂILLE n.f.
1) Cosse de pois, coquille d'œuf, de noix.
« *Je ne sais pas ce qu'elle donne à manger à ses poules, leurs œufs n'ont presque pas de cofoïlle.* »
Même sens : CALOFFE, COFIOTTE, COFOILLE, CRAFAILLE, CRÂFE, ÈCOFFE. (Prononcer cofâ-ye, etc.).

COFIOTTE, COFOILLE Voir COFÂILLE.

COFOURATTE Voir CALOUGEATTE.

COLEUCHE n.f.
1) Souche d'arbre. [Vôge, Massif montagneux].
« *Dans le temps, ceux qui n'avaient pas de hagis, ils allaient désoucher au bois, faut dire que les coleuches, ça tient le feu.* »
Même sens : ÉTO, TOC 3).
2) Grosse bûche de bois. Voir QUARTIER.

CONDUIRE AU FUMIER loc.v. Transporter dans les champs le tas de fumier entassé sur l'usoir (à condition que cela représente l'activité principale de la journée).
Même sens : MENER AU FUMIER.

CONNAÎTRE v.t. Reconnaître, se rendre compte de, remarquer, savoir.

« *J'ai bien connu que c'était toi quand je t'ai entendu parler.* »

CONTENT À QUELQU'UN loc.adj. Content de quelqu'un.
« *Par le temps qui court, il faut autre chose que ça pour être heureux, surtout quand on est plus tout jeune, voyons. Oh ! je ne suis pas contente à vous, là !* » (G. Chepfer, « Faut se faire une raison, Brigitte »).

COOPETTE Commerce de détail, principalement d'épicerie.
« *La mine-mère, souveraine absolue de qui tout dépend, sans laquelle on ne peut rien faire, rien être, rien avoir. Coopette, chapelle, salle des fêtes, écoles, mairie, terrain de foot, presbytère aussi, tout lui appartient* ». (A.-M. Blanc, *Marie-Romaine*).

COQUASSIER Voir COSSON.

CORDE n.f. Mesure de bois de chauffage variant selon les endroits entre 3 et 4 stères. [Partout].

Affouage 1990

Il sera attribué une corde de bois par feu comme d'habitude. Le prix reste fixé à 500 F la corde pour le sapin-épicéa, 800 F pour le hêtre.

Les Annonces des Hautes-Vosges, 19-11-1989

CORDER v.i. Mettre le bois de chauffage en tas.

CORNET n.m. Sachet d'emballage.

« *Vous pouvez me donner une paire de cornets, que je range mes commissions ?* »

CORNICHON n.m. Concombre.
« *J'ai fait des cornichons comme entrée, vous aimez ça ?* »

CORPORENCÉ adj. Bien bâti, bien découplé, gros. (Ne se dit que d'un être humain).
« *Corporencée comme-là, elle nous fera de beaux enfants, l'Huguette.* »

CORPS n.m. Tuyau. (Dans les expressions : Corps de fourneau, corps de fontaine, corps pendant...)
« *La fontaine ne découle plus, il y a un corps qui est décrevé.* »

CORPS DE FONTAINE loc.nom.m. Tuyau d'amenée d'eau d'une source. [Dans les Vosges, et autrefois, en bois.]

CORPS DE FOURNEAU loc.nom.m. Tuyau d'évacuation des gaz d'un poêle.

CORPS-PENDANT s.m. Descente de gouttière, tuyau qui conduit l'eau de pluie du toit vers le caniveau ou le puisard.
« *Le premier bois qui « feuille », c'est celui-là qu'on prend pour faire les mais. Dans certains pays, ils coupaient des baliveaux qui étaient gros comme le poignet. Ils s'attachaient ça depuis le bas après le corps pendant de la chanlatte.* » (R. Wadier).
Même sens : DESCENTE.

CORRIATTE n.f. Lanière, lacet, ceinture.
« *Il convient de dire que, depuis deux ans, la gelée printanière a complètement anéanti la récolte de coiches et de mirabelles. Nos paroissiens ayant vendu leur récolte précédente et bu leur réserve, se trouvent dans l'obligation de renoncer à boire des petits verres. L'un d'eux ne me disait-il pas, ces jours-ci : « On est obligé de se f... la corriatte »...* » Mosseur Curé. (F. Rousselot).

CORVÉE (FAIRE -) loc.v. Faire une démarche en vain.
« *J'ai été lui demander de me prêter sa charrue, mais j'ai fait corvée.* »

COSSON n.m. Commerçant ambulant qui vient ramasser dans les villages, beurre, œuf, volaille. [Partout, sauf Montmédy].
« *Les Féraumontoises, elles, ne se rendaient plus aux marchés alentour écouler leurs produits. Même le cosson s'abstenait de passer chaque semaine ramasser le surplus d'œufs, de beurre, de volailles, pour les revendre à la ville.* » (A.-M. Blanc).
Même sens : COQUASSIER.

CÔTÉ (DE L'AUTRE -) loc.nom.m. Lorraine annexée.

« *À l'exception de son cousin Charles, toute sa famille demeurait de « l'autre côté », en pays annexé dans cette vallée de la Fentsch que les héritiers de Monsieur de Wendel couvraient d'usines.* » (A.-M. Blanc).

COTION Voir BRACOT.

COU (GROS-) Voir GORGE (GROSSE-).

COUARAIL n.m.
1) Rencontre fortuite au cours de laquelle s'engage une conversation. Dans cette acception : FAIRE LE COUARAIL. [Partout sauf Argonne et Woëvre].
2) Réunion l'après-midi ou le soir, au cours de laquelle on s'occupe à de menus travaux en bavardant ou en plaisantant. Dans cette acception : ALLER AU COUARAIL.

« *Chez le Parmentier on ne restait jamais inactif pendant le « couarôge ». Chaque femme prenait une aiguille, passait le fil rugueux sur le bloc de cire d'abeille, cousait une aiguillée et contribuait ainsi à l'ouvrage.* » (F. Martaine).
3) Lieu où se tient la réunion. Voir POÊLE 2).
4) Propos eux-mêmes et discussion elle-même.

Variantes : COUÂRÈDGE, COUARÔGE, COUÂRÔYE, etc.

Même sens : PERRON.

COUCHES n.f.pl. Chiendent. [Massif vosgien, Vôge].

« *Le jardin est plein de couches, tu ne t'en débarrasseras jamais.* »

Même sens : GRIMON, PAVINE.

COUGIE n.f. Fouet. [Partout].

« *Il a pourtant réussi à me casser le perpignan de ma cougie, le brisaque-là.* »

Variantes : COURGIE, ÉCOURGIE.

COULANT
1) Voir CHTEÛ.
2) Voir DÉCOULANT.

COULOIR n.m.
1) Filtre à lait. [Partout].
2) Entonnoir.

« *Lave bien le couloir, tu sais, le lait, ça engame tout.* »

COUP DE CUL loc.nom.m. Côte très raide. [Partout].

« *Tu ne le monteras jamais à vélo, le coup de cul-là.* »

COUPER AU COURT loc.v. Prendre un raccourci.

« *Si vous coupez au court, faites bien attention de ne pas vous perdre dans la neige.* »

COURTES n.f.pl. Raccourci. [Pays messin - fin].

« *Si tu veux prendre les courtes, vaudrait mieux mettre des bottes, tu vas traverser des feignes.* »

COUTEAU À CHOUCROUTE loc.nom.m. Sorte de rabot monté sur un bâti permettant de couper les choux pour en faire de la choucroute.

« *Je voulais vous dire aussi, tante Hélène, que nos voisins, les artisans plombiers qui viennent de la Moselle, sont les seuls à posséder un fumoir à cochon et un couteau à choucroute, comme chez vous.* » (A.-M. Blanc).

Même sens : FER À CHOUCROUTE.

COUVER LE FEU loc.v. Se tenir tout près du feu, comme les vieux autrefois, tout près de l'âtre.

« *La grand-mère ne fait que de piller les pois en couvant le feu toute la journée.* »

COUVERT n.m. Couvercle. [Partout].

« *Où ai-je bien pu mettre le couvert de mon fait-tout ?* »

COUVERTE n.f. Couverture. [Partout].

« *(...) Vos couvertes en pelure d'oignon, il y a de quoi geler en plein été : j'ai claqué des dents toute la nuit, moi.* » (G. Chepfer, « Cousins de Pentecôte »).

COUVISSE adj. (Œuf) non fécondé, couvé et pourri. Couvi. [Lorraine du Nord].

« *Sur une douzaine, il y avait trois œufs couvisses.* »

COUVOT n.m. Type de chaufferette ronde que l'on pouvait emmener avec soi d'une pièce à l'autre ou à l'extérieur de la maison. [Partout].

« *(...) J'ai toujours froid les pieds. En plein été, je ne peux pas me passer d'un couvot.* » (G. Chepfer, « Tante Didiche l'a échappé belle »).

COUVRASSE n.f.
1) Poule couveuse. [Partout]. Voir CLOUSSE.
Variante : COVROSSE.
2) Sapin dont les branches touchent terre.
« *Il ne pousse rien sous les covrosses.* »

COUVRIR LE FEU loc.v. Mettre des cendres sur les braises avant d'aller se coucher.

« *Marion avait reposé le panier qu'elle tressait, puis couvert le feu. Paulus avait, en bon père attentif, achevé de remettre ses fromages et jeté un dernier regard sur les bêtes.* » (F. Martaine).

CRÂCHATTE n.f.
1) Rainette, petite grenouille. [Saintois - fin].
« *Les pompiers de Deneuvre
Vont à la maneuvre
À la Rochotte (bis)
Chercher des crâchottes.* » (Comptine, Baccarat).
2) Enfant qui ne pousse pas.
« *T'as vu ma crâchotte, qu'est-ce qu'on va bien pouvoir en faire du gamin-là ?* »
Variantes : CRÂCHOTTE, CRÔCHOTTE.

CRÂCHE Voir CÂQUE.

CRAFAILLE, CRÂFE Voir COFÂILLE.

CRAFIÂ Voir HARTÂRE 3).

CRAFIER
1) Tisonner le feu. Voir FEURGUEUNER.
2) Chercher quelque chose en mettant tout sens dessus dessous.
3) Travailler sans méthode, ni soin ni ordre.

CRAIGNE Voir ÉCRAIGNE.

CRÂILLER LES YEUX loc.v. Écarquiller les yeux, regarder, fixer, dévisager, ouvrir grand les yeux. [Seille, Plaine sous-vosgienne].

CRAMAIL n.m. Crémaillère. [Partout].
« *À la seule lueur de l'âtre qui dansotait, la jeune fille s'orienta d'instinct vers la lampe à huile, attrapa au vol le chaudron qu'elle pendit prestement au cramail.* » (A.-M. Blanc).

CRÂPI adj.
1) Ridé, desséché, flétri. (Se dit des personnes comme des fruits ou des légumes.) [Depuis Woëvre - fin].
« *Chacun son tour, on sait bien qu'on ne peut pas être et avoir été : la plus belle pomme qui a passé l'hiver en haut de l'armoire est toujours crâpie.* » (G. Chepfer, « Mon Dieu donc que le monde est changé »).
2) adj. Fibreux, sec et mou.
Même sens : CHICHE, RACHICHI.

CRAYON DE PAPIER loc.nom.m. Crayon. [Partout].
« *Vous corrigerez vos fautes d'orthographe au crayon de papier.* » (Quotidien, même chez les enseignants).

Ces livres qu'on attend

Les fournitures nécessaires pour l'école primaire ne posent pas de problèmes particuliers : une gomme, un crayon de papier, un taille-crayon... Rien de plus simple !

Le Républicain Lorrain, 7-9-1989

CREDO (DIRE SON -) loc.v. Ronronner. [Ne se dit que pour un chat.] [Depuis Pays-Haut - fin].

CRÉNURE n.f. Entaille, fente, lézarde [dans une planche, un mur...]. [Lorraine du Nord].
« *Il y a une sâprée crénure dans le mur-là, le terrain a rudement travaillé.* »

CRÈTON Voir CHOVON.

CROQUANT n.m. Morceau de cartilage dans un plat de viande. (Par exemple dans une blanquette, oreille de cochon...)

« Pour une bonne quiche il ne faut pas prendre du lard où il y a du croquant, garde-le pour un plat en sauce, une choucroute, je ne sais pas, moi ! »

CROQUANTE n.f.
1) Sorte de nougatine.
2) Pièce montée.
« Et les brioches, les savarins au rhum, les tartes aux quoiches, aux mirabelles. Et la croquante, donc ! Une pièce montée, je ne vous dis que ça (...) » (G. Chepfer, « La première communion du gamin »).

CROSSE n.f. Tuteur, étai servant à soutenir les branches des arbres fruitiers trop chargées.
« Faut que je mette des crosses à mes pêches de vigne, ils sont tellement chargés qu'ils casseraient. »

CRU adj.
1) Humide. Voir FRAIS 1).
2) Moite. [Partout].
3) Froid. [Partout].
« Il fait cru aujourd'hui, il fait même cru-cru. »

CUEILLIR AUX - loc.v. Cueillir quelque chose [à condition que cela représente le temps que dure la récolte].
« Ne venez que la semaine prochaine, on commencera à cueillir aux mirabelles. »

CUIR n.m.
1) Mauvais cheval, mauvaise bête en général, « carne ».
2) Personne hargneuse, « carne ».
« Quel cuir, l'Angèle, on n'arrive pas à en faire façon. »

CUIRE v.t./i.
1) Faire cuire de la nourriture, un plat, du pain...
« Vers le milieu du champ, entre dix et onze heures, ils sentent une agréable odeur de quiche qui vient caresser leur odorat. « Tiens, dit le domestique, ce sont les fées qui cuisent ce matin ; le bon goût de chaudé, ce qu'on en mangerait bien une part ! » (Abbé Fontaine, vers 1930, in R. Wadier).
2) Faire bouillir.
« Cuire la lessive. »
3) (Faire) fermenter.
« Les mirabelles n'ont pas bien cuit, ça n'a pas donné de goutte. »

CUIRE DUR (FAIRE -) loc.v. Faire cuire un, ou plusieurs œufs « durs ».

CUL-BÂILLOTTE n.f. Culbute, galipette. [Pays-Haut, Woëvre].
FAIRE CUL-BODOT : faire la culbute (jeu d'enfant), tomber cul par dessus tête.
« Chaque fois qu'il voit un talus il ne peut s'empêcher d'aller y faire cul-bodot. »
Variantes : CUL-BODOT, CUL-(D')BERCEAU, CUL-BÈROT, CUL-BOURRI, CUL-BOUROTTE, CUL-PATRELLE, CUL-D'PÉRETTE, CUL-QU'EN-BOULE.

CUL-BOULER
1) Renverser. Voir BOULER.
2) Tomber à la renverse.

CUL DE CHIEN loc.nom.m.
1) Églantier. fruit de l'églantier. Voir CHAÛPÈ-CUL.
2) Nèfle.

CULOT n.m. Petit dernier d'une famille ou d'une portée.
Même sens : CHIE-AU-NID, QUEÛCHON, QUEULOT, RÈVENEUX.

D

DABO (ÊTRE -) loc.v. Être le dindon de la farce.

« *Et le pensionnaire de la Caquotte ? Un mirliflore... Et la Pouillotte, la pauvre, avec le sien ? Elle est bien dabo dans cette affaire, croyez-moi !* » (A.-M. Blanc).

DÂDÉE s.f. Plaisanterie, moquerie, racontars, gorges-chaudes, potin.

« *Les mâmiches, derrière les fenêtres ou sur le pas de leur porte, en faisaient des dâdées lorsqu'il y avait une soirée chez la Tartelle.* » (A.-M. Blanc).

DAGÔNE n.f. Couenne de lard. [Depuis Haye - fin].

« *... Ce n'est pas des nourritures... tendis qu'avec des fausses dents te pourras manger une dagône de lard, casser des noix...* » (F. Rousselot).

DÂILLEMENT n.m.
1) Dialogue improvisé entre des femmes, ou des jeunes filles, participant à une veillée et des jeunes gens, les unes à l'intérieur de la maison, les autres dans la rue. [Les répliques sont assez souvent un peu lestes. Prononcer dâ-yement.]
2) Texte (figé) de ces réparties.

« *J'ai là deux ou trois dâillements, voulez-vous que je vous les lise ?* »

DÂILLER v.i. Échanger des propos plaisants – souvent grivois – (improvisés) entre garçons et filles. (Voir ci-dessus).

« *L'hiver, il aidait les jeunes gens à inventer des rimes pour qu'ils puissent aller dailler. Quelles joyeuses veillées alors ! Les garçons s'approchaient des fenêtres et demandaient aux filles :*
– V'lève dailly ? » [trad.lit : Voulez-vous dâiller] (A.-M. Blanc).

DÂILLEUR (-EUSE) s.m./f. Jeune homme, jeune fille qui pratique le dâillement.

« *À chaque veillée, ou presque il venait un ou deux dâilleurs. On s'amusait bien, parfois ils en sortaient des salées !* »

DAMAS n.m. Variété de prune. [Prononcer damâ] [Partout].

DANDINE Voir ROUFFE.

DANSE Voir ROUFFE.

DANSE (FAIRE LA -) Voir MONDER.

DÉBASSER Voir ENRAYER.

DÉBATTRE v.t. Battre une pâte, une omelette...
« *Il faut bien battre et débattre la pâte à brioche, elle demande à être très travaillée, et doit devenir souple et lisse, débattre encore, des cloques se forment au repos, elle est à point.* » (J.-M. Cuny).

DÉBISCAILLÉ adj. Patraque, mal fichu, pas en forme.
« *Je me demande ousque j'ai été pêcher ça puisque je suis toute disloquée, toute débiscaillée ainsi !* » (G. Chepfer, « Chez le médecin »).

DÉBRINGUÉ adj. Abîmé, froissé, mal arrangé.
« *Laisse-moi d'abord me requinquer un peu, avec le grand vent-là, j'ai l'air de la poupée du diable : mon chapeau est tout de traviole, ma robe toute débringuée.* » (G. Chepfer, « À la guerre comme à la guerre »).

DÉBRÔLÉ p.p./adj.
1) Trop cuit et donc desséché ou en purée. [Se dit des légumes.]

« *Combien de rôtis – car à présent on en mangeait quelquefois – furent rameûchis et de légumes tout débrôlés cet été-là ?* » (A.-M. Blanc).
2) Cassé, abîmé, en ruines.
« *La maison est toute débrôlée.* »

DÉCESSER v.i. Cesser, arrêter.
« *Il ne décessait pas de me crier, le Coliche : « Pétronille, t'as pas refait le lit comme il faut, toute la couverture est de ton côté ; Pétronille, ton lait s'ensauve, fais donc attention. »* » (G. Chepfer, « La Pétronille se remarie »).

DÉCHIPE adj.
1) Enfant qui déchire ses habits, qui casse ses jouets. [Pays-Haut].
2) Personne qui abîme, qui gaspille la nourriture.
« *Quel dèchipe ! c'est-ti pas malheureux de voir ça !* »

DÉCHIPE (EN -) Voir DÉFRANDEUILLÉ.

DÉCHIRER v.t. Gaspiller (la nourriture...). [Montmédy, Pays messin].
« *Il déchire sa nourriture, on voit bien qu'il n'a pas connu la guerre !* »

DÉCHIRURE n.f. Annexion de l'Alsace et d'une partie de la Lorraine qui constitue l'actuel département de la Moselle.

« *Bien que nés Français avant la « déchirure », ils avaient dû, en arrivant, demander leur réintégration dans la nationalité française.* » (A.-M. Blanc).

DÉCLICHETTE Voir CHITTE.

DÉCONNAÎTRE v.t. Connaître quelqu'un, reconnaître.
« *Excusez-moi, je ne vous avais pas déconnu.* »

DÉCOULANT s.m. Goulot d'un tuyau, d'un récipient. [Depuis Pays messin – fin].
« *Le découlant ne découlait plus.* » (Vanony).
Même sens : COULANT, GOLOT, GOLOTTE, GOULETTE, GOULOTTE.

DÉCOULER v.i. Couler (en parlant d'une source, d'une fontaine).

DÉCRAMILLER v.t. Démêler une ficelle, une pelote. [Lorraine du Nord].
Antonyme : ENCRAMILLER.

DÉCREVER v.t.
1) Crever, abîmer.
« *Avec le temps qu'on a eu cette année, en fait de mirabelles, on n'a eu que des chiques ; quand il y en avait des grosses, elles étaient toutes décrevées.* »
2) (Faire) éclater des fruits à la cuisson.

DÉFENSE n.f. Baguette, signe, servant de limite de repère pour délimiter deux champs, deux coupes de bois...
Même sens : ÉTICHETTE.

DÉFRANDEUILLÉ adj. Déguenillé, dépenaillé. [Partout].
« *La chère était honnête, sans plus – nos curés de campagne ne sont pas riches et l'on rencontre aujourd'hui plus de soutanes élimées, défrandouillées, verdies, et de lourds souliers paysans que de douillettes satinées et de fines chaussures à boucles d'argent.* » (F. Rousselot).
Même sens : DÉCHIPE, DÉFRANGUEILLÉ, DÉFRAPOUILLÉ, DÉQUÈSÈ.

DÉFRANGUEILLÉ, DÉFRAPOUILLÉ Voir DÉFRANDEUILLÉ.

DÉGRIMER v.t. Griffer, égratigner.
« *Je m'ai tout dégrimé les mains en cueillant des mûres. Mais ça fait rien, j'aime trop la gelée.* »

DÉGROULER v.i. Grogner, rouspéter, gronder. [Se dit d'un chien]. [Partout].
« *En rentrant, les hommes dégroulaient parfois pour la forme. Mais ils se laissaient vite gagner par la bonne humeur ambiante.* » (A.-M. Blanc).
Même sens : GROLER.

DÉJÀ adv. Quand même, après tout, pourtant, cependant.

« Ils les mettent devant la porte ou après la chanlatte. Il faut que ça reste déjà une semaine, et après on fait du feu avec. » (R. Wadier).

PAS DÉJÀ : Pas vraiment.
« Elle n'est pas déjà si peute que ça !.. » (F. Rousselot).

DÉJEUNER n.m. Premier repas de la journée.
« À la campagne le déjeuner, c'est un bol de café, juste avant d'aller tirer les vaches. Deux ou trois heures après, on casse la croûte, mais ça n'a rien à voir. »

DÉJEUNER v.i. Prendre le premier repas de la journée.

DÉMÂCHURER v.t. Enlever grossièrement la saleté ou la crasse sur le visage, les mains, un vêtement...
« P'tit Louis ne vit que ces derniers. Les petits le regardaient en marchant, tirés par leur mère qui, du coin de leur tablier, essayaient de les démâchurer, puis de les arranger. » (A.-M. Blanc).

DEMANDER LE - v.t. Être en chaleur. [Se dit des mammifères.]
« La Blanchette n'a pas arrêté de gueuler toute la nuit : elle demande le bœuf. »

DÉMARRÉ adj. Sevré. (Se dit du petit d'un animal).

VENDS : 6 chaises lorraines, (...) 1 canadien 11 dents, jeunes de lapins démarrés.

Les Annonces des Hautes-Vosges, 9-7-1989

DÉMÉFIER (SE) v.pron. Se méfier de.
« Il faut se déméfier des inconnus qu'on ne connaît pas, on ne sait jamais. »

DÉMÊLER v.t. Trier, choisir, sélectionner.
« Je vous ai démêlé une paire de cageots de mirabelles, vous m'en direz des nouvelles ! »

DEMI-PORC n.m. Porc élevé par un particulier, tué par ses soins et cédé par moitiés à une tierce personne. [On dit plus souvent : J'ai tué la moitié d'un cochon.]

A VENDRE : Deux roues complètes pneus contact.
10 stères de quartier bouleau pour cheminée, demi-porc nourri de pommes de terre et seigle pour tuer début avril. Tél. 29.50... après 19 h.

Les Annonces des Hautes-Vosges, 19-2-1989

DÉMONTER (SE) v.pron. Se démettre un membre. [Partout].
« Quand il s'est démonté le bras, il a filé chez le rebouteur qui lui a remis ça en deux temps trois mouvements. Il ne s'en est jamais ressenti. »

DENT DE L'ŒIL loc.nom.f./m. Canine et/ou dent de sagesse située sur la mâchoire supérieure.
« Le moment-là, j'avais mal à un dent de l'œil qu'était pourri bien à point... et tout noir... » (F. Rousselot).

DÉPAISSIR v.t. Démarier (les betteraves), éclaircir un semis. [Partout].

« *J'ai mal le dos : j'ai dépaissi les betteraves tout l'après-midi.* »

Même sens : DESSERRER, RÉCLAIRCIR.

DÉQUÈSÈ Voir DÉFRANDEUILLÉ.

DÉQUEUGNER v.t. Décrasser, remettre de l'ordre, nettoyer sommairement.

« *On va avoir du mal pour déqueugner cette cuisine, depuis le temps que la maison est laissée à l'abandon.* »

Antonyme : ENQUEUGNER.

DÉRAYER Voir ENRAYER.

DÉRIDÉ adj. Flétri, très ridé.
« *Les pommes sont toutes déridées cet hiver.* »

DÉSAISONNER v.i. Cesser brutalement de pondre. [Pour une poule, notamment après une frayeur.]

« *Ne laisse pas l'enfant-là haspouiller nos poules, il va les désaisonner.* »

DESCENTE Voir CORPS PENDANT.

DESSERRER Voir DÉPAISSIR.

DÉTOURNER v.t.
1) Mettre de côté, trier.
« *À Pâques, on détournait l'œuf du vendredi saint. Il séchait mais ne pourrissait pas. Et il portait bonheur à la maison.* » (R. Wadier).
2) Mettre de côté et garder quelque chose pour un ami, un bon client, une connaissance...
« *J'ai détourné les plus belles patates, les petites on les garde pour les cochons.* »
3) Changer quelque chose de place, dévier un cours d'eau.
« *De son vivant, il avait détourné une borne de champ.* » (R. Wadier).

DEVANT prép./adv. Avant.
« *Les tartes ? C'est la grande affaire de la semaine de « devant la fête », allez...* » (J.-M. Cuny).

DEVANT DE CHEZ EUX loc.nom.m. Endroit situé devant la maison.
« *(...) pendant que le bourreau poursuit son office, enfonçant sa main et son bras dans l'affreux trou béant et que la ménagère, attentive à n'en laisser rien perdre, recueille le sang rouge et vermeil qui teint de pourpre « le devant de chez eux ».* » (Anonyme, in J.-M. Cuny).

DEVENIR v.i.
1) Venir, arriver de, provenir. [Partout].
« *D'où est-ce que tu deviens à cette heure ?* »

DEVENIR À RIEN loc.v. Dépérir, tourner à rien.
« *Ma fi, depuis ma maladie. Vous savez bien ? que je dépérissais, que je devenais à rien.* » (G. Chepfer, « La belle laitière se marie »).

DEVENIR DE loc.v.
1) Provenir de.
« *La chèvre du maire était une gaïsse plantureuse, dont la mère devenait de d'chez les Allemands. Plusieurs fois déjà, elle avait accepté les politesses du Batisse.* » (F. Rousselet).

DÉVORER v.t. Déchirer, abîmer [ses habits, affaires]. [Lorraine du Centre et du Sud].
« *Le maître m'a fait racheter son livre de calcul : en huit jours il était dévoré !* »

DÎNER n.m. Repas de midi. [Partout].
« *Dans l'après-midi, ils reprenaient le chemin de leur village, avec de l'argent dans leur poche et un bon dîner dans l'estomac.* » (R. Wadier).

DÎNER v.i. Prendre le repas de midi.

DISETTE Voir LISETTE.

DOMMÂGE (ÊTRE AU -) loc. v. Causer des déprédations.
« *C'est bien sûr encore les vaches du Paul qui sont au dommage. Il ferait bien de refaire son parc !* » (Massif montagneux).

DÔNAGE n.m. Faux mariage célébré au moment du carnaval. [Selon les villages, cette pratique consiste à « marier » tous les jeunes célibataires ou seulement les « conscrits ».]
« *Tel qu'il nous est parvenu, le dônage peut être considéré comme une parodie de fiançailles destinée à « marier » officieusement et avant l'heure, tous les jeunes gens d'une même commune. Il avait lieu, presque partout, le premier dimanche de Carême et sa pratique était liée à la fête des Brandons, ou celle des Bures, qui célébraient dans les réjouissances ces noces profanes.* » (R. Wadier).

DÔNER v.t./i.
1) Participer au dônage.
2) Au passif : Être associé comme « valentin » à son ou sa « valentin(e) ».
« *Figurez-vous que j'ai été dônée, je devais avoir quinze jours !* »

DOUDOU Voir CADET.

DOÛILLE n.f. Orteil. [Montmédy].
« *Mes chaussures me font mal à la grosse doûille.* »

DOUTER v.t. Craindre, redouter. [Lorraine du Centre et du Sud].
« *L'enfant-là doute son père. C'est pourtant un brave homme, le Jean-Pierre.* »

DROIT n.m. Adret, versant exposé au soleil.

« *Dans tout le canton, l'adret et l'ubac sont désignés par deux ou trois appellatifs : ainsi « l'Endroit » ou « le Droit » (plutôt que « la Droite ») et « l'Envers ». L'exemple classique nous est fourni par le Droit du lac et l'Envers du lac, la Montagne de Rougimont et l'Envers de la Montagne de Rougimont. Remarquons que ces derniers appellatifs s'appliquent aussi bien aux voies qu'aux rivières ou lacs, qu'aux montagnes.* » (M. Georgel).

Même sens : ENDROIT,
Antonyme : ENVERS.
Variante : DROITE.

DUVET Voir PLUMON.

E

EAU (ÊTRE EN -) loc.v. Être en nage.

« *Qu'est-ce qu'il fait touffe, je suis tout en eau !* »

Variante : ÊTRE EN NAGE D'EAU.

EAU (PANCHER DE L'-) loc.v. Uriner.

« *Une petite seconde, faut que j'aille pancher de l'eau.* »

EAUX (PETITES-) n.f.pl. Alcool de première distillation qui devra être « repassé » dans l'alambic.

Même sens : EAUWOTTE 1).

EAUWOTTE n.f.
1) Voir EAUX (PETITES-).
2) Eaux grasses, eaux de vaisselle que l'on donne aux cochons.
3) Soupe claire, café trop dilué, sans goût.

« *Dis-donc, faudra apprendre à faire le café, je ne bois pas de l'eauwotte, moi !* »

Variante : AOUATTE.

ÉCAILLE n.f.
1) Morceau, écaille, débris de vaisselle. [Partout].

« *C'est eux qui ont déjà gagné le beau tapis en écailles d'étoffe de toutes les couleurs à la tombola de la chère sœur et aussi le cache-pot en morceaux de faïence cassée à la loterie des Jeunesses Laïques. Ils mangent à tous les rateliers les gens-là, pourvu que ça rapporte, le reste leur est bien égal !* » (G. Chepfer, « Mais qui donc à gagné les cinq millions ? »).

Variante : CAILLE.
Même sens : CASSOT.

2) Copeau de la hache. [Argonne, Woëvre, Verdunois, Barrois].

« *En rentrant chez lui, il trouva un bon feu d'écailles, une table bien propre, avec deux bouteilles de bon vin, du pain tendre, six gaufres encore chaudes, un petit pot de marmelade et une aune de boudin qui grillait sur le brasier.* » (H. Labourasse).

3) Part de nourriture.

« *Il y a encore la tarte au maugin, la bonne tarte n'est-ce pas, Madame Bénédic, et comme on en mangerait des rudes écail-*

65

les, n'est-ce pas donc. » (E. Badel).

ÉCALAGE n.m. Ridelles à claire-voie d'un chariot. [Montmédy, Woëvre, Bassigny].

ÉCHAPPER v.t. Laisser tomber quelque chose de ses mains par maladresse.
« *N'échappe pas la casserole, tu t'ébouillanterais.* »

ÉCHARPE Voir CHTEÛ.

ÉCHAUDURE Voir CHAÛDÛRE.

ÉCHAÛRER Voir EFFOUSNER 1).

ÉCHELLE DE TOURMENTE loc.nom.f. Chemin de schlittage. [Massif montagneux].
« *Celui qui n'a jamais escaladé* « *l'échelle de tourmente* » *des schlitteurs ne peut guère se faire une idée du courage de ces gens-là.* » (J. Saltel).

ÉCLAIR n.f.
1) Éclair dû à un orage. [Partout].
« *Le gamin a vu une éclair, ça l'a fait pleurer.* »
2) Pâtisserie.
« *Une éclair au chocolat.* »

ÉCOFFE Voir COFÂILLE.

ÉCRAIGNE n.f. Veillée, ouvroir.
« *Gageons que cette chansonnette, qui se psalmodie plus qu'elle ne se chante, a dû faire rire – ou pour le moins sourire – plus d'un veilleur au cours des écraignes, ouvroirs ou pols d'autrefois.* » (R. Wadier).
Même sens : ACRAIGNE, ÉCRIN.
« Les Ecraignes », Centre socio-éducatif, à Villers-lès-Nancy.

ÉCRIN Voir ci-dessus.

ÉCURIE n.f.
1) Écurie.
2) Étable aussi bien que écurie. [Partout].
« *Une fois elle est venue dans une belle écurie. Dans les jours suivants toutes les vaches sont mortes.* » (R. Wadier).
3) Clapier, voire toute sorte de baraquement, cabane, utilisé pour loger les animaux de la ferme.
« *Au fond, les petites écuries s'agrandissaient de constructions en bois, papier goudronné et grillage où les volailles s'ébattaient tandis que, dans leurs cages, les lapins méditaient, l'air absent.* » (A.-M. Blanc).

EFFOUSNER v.t.
1) Exciter, effaroucher (notament les animaux de la basse-cour).
« *Ne va pas effousner mes poules, tu me les désaisonnerais !* »
2) (au p.p.) Survolté.
« *Qu'est-ce que tu as à être effousné comme ça aujourd'hui ?*

Tu nous fais l'orage ? »
Même sens 1) : ÉCHAÛRER.

EFFRONTÉ n.m./adj. Hardi, osé, mal élevé, impoli, qui ne suit pas la règle. [Lorraine du Centre et du Sud].
« *Avec ce que vous avez, nous serons les plus riches du pays, qu'il m'a dit, en me prenant par la taille, l'effronté, et en me relèchant comme une patène.* » (G. Chepfer, « La Pétronille se remarie »).

EFFRONTERIE n.f. Arrogance, prétention, suffisance, mauvaise éducation, impolitesse.
« *Chez les Ravageot, bien sûr, les nouveaux-riches-là qui ont racheté le château des Tilleuls pour deux sous et qui éclaboussent tous les passants de leur effronterie. Et d'ousque ça sort ? Dites ? D'ousque ça sort !* » (G. Chepfer, « Mais qui donc a gagné les cinq millions ? »).

ÉGOUTTER v.t. Traire à fond une vache. [Partout].
« *Quand on n'égoutte pas bien les vaches, elles attrapent la mammite.* »
Même sens : RÉGOUTTER.

EMBARRASSÉE (ÊTRE -) loc.v. Être enceinte.
« *Pour jamais me voilà abandonnée
Et je crois que... mon Dieu, je reste embarrassée.
Marice, j'en aurai la honte et le malheur ;
Car depuis cinq six jours, j'ai senti des maux de cœur.* »
(*Chan Heurlin*, trad. M. Cressot).

ENCARNAGER v.t. Envahir. [Se dit des mauvaises herbes.] [Sud meusien].
« *Mon jardin est tout encarnagé par les orties.* »

ENCLENCHER Voir CLENCHER.

ENCORE adv. Aussi.
« *Les blés sont beaux, encore les avoines.* »
« *Il viendra, encore sa femme.* »

ENCRAMILLER v.t. Embrouiller, emmêler. [Lorraine du Nord].
« *Le fil de ma canne est tout encramillé, tu pourrais pas venir m'aider ?* »
Antonyme : DÉCRAMILLER.

ENDROIT Voir DROIT.

ENDROIT (À POINT D'-) loc.adv. Nulle part.
« *J'en ai trouvé à point d'endroit.* »

ÉNÉE Voir SOUFFLÉE.

ENFLE adj. Enflé.
« *Quand les vaches mangent trop de trèfle, elles viennent enfles.* »

ENGAMER v.t. Encrasser, salir, poisser, culotter par la crasse. [Bassigny, Neufchâteau, Meuse].

« *La cuisine est tout engamée, je ne sais pas si on pourra la ravoir.* »

Même sens : ENQUEUGNER.

ENJARTÉ (ÊTRE -) Voir APIGER.

ENNUITER v.t./pron. Attarder, être en retard...

« *Dépêche-toi d'aller arranger les bêtes, on est déjà assez ennuité comme ça.* »

ENQUEUGNER Voir ENGAMER.

ENRAYER v.t./i.
1) Faucher le tour du champ. [Partout].
2) Commencer un travail.

« *J'ai essayé d'enrayer aux « Brûleux », le matin, j'ai calé : j'aurais planté.* »

Même sens : DÉBASSER, DÉRAYER.

ENSUQUÉ adj. Endormi, abruti, patraque, mal fichu. [Se dit aussi bien d'un état physique que psychologique, qu'il soit dû à une maladie, à un excès de boisson, de nourriture ou aux effets secondaires d'un médicament.]

« *Ça va pas ce matin : j'ai pris des antibiotiques, je suit tout ensuqué.* »

ENTENDRE SOURD loc.v. Être sourd, entendre mal. [Partout].

« *Il ne vous avait pourtant pas promis d'être chauffeur, vous saviez bien qu'il a un œil qui dit zut à l'autre, une oreille qui entend sourd, et qu'il est adroit de ses mains comme un cochon de sa queue...* » (G. Chepfer, « Le frère de lait »).

ENTRE MIDI loc.adv. Entre midi et 2 h.

« *Je passerai te voir entre midi, tu me payeras le café, voilà tout !* »

ENVERS n.m. Ubac, versant de la montagne à l'ombre.

« *Les terrains à l'envers sont bien moins chers.* »

Antonyme : DROIT, ENDROIT.

ÉPAULETTE Voir PERMÈTÉ.

ÉPINÇONS n.m.pl. Onglée, dans l'expression : AVOIR LES ÉPINÇONS. [Depuis Montmédy – Saintois].

« *J'ai les épinçons, je ne sens plus mes doigts, je ne saurais plus travailler.* »

Même sens : BÊTE AUX DOIGTS (AVOIR LA -), PINÇONS (AVOIR LES -).

ÉPINETTE n.f. Instrument de musique à cordes pincées, de la famille de la cithare. [Massif montagneux].

« *De ce que disaient nos vieux en crachant le jus de leur chique dans la braise, quand se buvait la goutte et qu'au falot des veillées, des mains gercées faisaient chanter l'épinette, presque tout est oublié.* » (J. Grossier).

ÉPINETTISTE n.m. Joueur d'épinette.

ESCALIERS n.m.pl.
1) Escalier. [Partout].
« *Attendez... N'ouvrez pas la porte des escaliers à cause de mes poules.* » (G. Chepfer, « La bonne hôtesse »).
2) Marche. [Partout].
« *Je n'ose plus monter les escaliers du jardin, et pourtant il n'y en a pas beaucoup, juste trois.* » (Mlle M.-M. G., le 19-4-1989).

ESSI s.m. Bardeau de bois qui sert de tuile ou de bardage sur le pignon orienté à la pluie. [Plaine-sous-vosgienne, Massif montagneux].

À la fin de la messe, la procession du Saint Sacrement se fera autour de l'étang des Dames proche de la chapelle qui, dernièrement, a été rénovée par les soins de la famille de Lesseux, le chœur ayant été recouvert d'essis c'est-à-dire de bardeaux tout neufs.

Les Annonces des Hautes-Vosges, 26-6-1986

ESTOMACS n.m.pl. Poitrine féminine, seins. [Partout].

« *Mon ! T'as vu les estomacs qu'elle a !* »
Même sens : QUATRE-SOUS.

ÉTELLE n.f. Éclat de bois obtenu lors de l'abattage d'un arbre.
« *Elle jeta quelques ételles dans la cheminée pour raviver la flamme, y plaça deux rondins pour faire des braises.* » (A.-M. Blanc).

ÉTICHETTE Voir DÉFENSE.

ÉTICOT n.m. Gaule, bâton, rame de pois. [Montmédy].

ÉTO Voir COLEUCHE.

ÉTRANGE adj.
1) Timide.
« *Faut pas faire attention, il est un peu étrange, il ne quitte pas les jupes de sa mère.* »
2) Impoli, désagréable, asocial.
Variante : Étranger.

ÉTRANGLER v.t. Saigner, égorger. [Argonne].
« *Va me chercher le couteau à étrangler le cochon.* »

ÊTRE POUR - loc.v.
1) Se préparer à, se destiner à... [Forme de futur périphrastique].
« *Il est pour être docteur.* »
2) Être enceinte.

« Et la Justine, vous vous souvenez ? La petite-fille du Tambour-Major ? Elle serait pour avoir quelque chose...

*– Pas possible ! Et de qui ?
– Du Justin Colas. Elle en a entendu, la pauvre, de ses parents.* » (A.-M. Blanc).

F

FACILE (AVOIR - DE...) loc.v. Être facile pour quelqu'un de.
« *Il a bien facile de dire, ce n'est pas aussi aisé à faire.* »

FAÇON (À -) loc.adv. À façonner. [Désigne ce qui devient son bien propre du fait que l'on y a travaillé.]
« *Les bûcherons m'ont cédé de la charbonnette à façon.* »

FAGUETTE Voir BOSSATTE.

FAIBLE (TOMBER -) loc.v. S'évanouir, avoir un malaise.
« *Quand j'ai vu le sang partout, j'ai manqué de tomber faible.* »

FAIGNE n.f. Terrain marécageux, tourbière...
« *L'imperméabilité et l'humidité des sols est évoquée par : la Feigne, les Basse-Feignes, les Quatre-Feignes, etc. (en tout 15 lieux-dits en « Feignes »). Ajoutons les nombreux « Faings » ou « Faignes » (17), le Phény, Fony.* » (M. Georgel).

Variante : FAING, FEIGNE.

FÂILLÂT n.m.
1) Flatteur. [Vermois, Plaine-sous-vosgienne, Massif montagneux].
« *Je n'arriverai jamais à m'habituer à tous les fâillâts-là.* »
2) Enfant câlin. Voir CHÔYON.

FAIT-À-FAIT adv. Au fur et à mesure, petit à petit.
« *Il faut travailler fait à fait, dans le désordre on n'arrive à rien.* »

FANCHON Voir CATICHE.

FARCE adj. Drôle, bizarre, curieux [se dit aussi bien du temps que d'un être humain]. [Lorraine du Nord et centrale].
« *L'enragé de Camus, qu'était un peu parti pour la gloire, nous a fait tordre ! Il a pourtant mis la robe de sa femme et elle a enfilé les habits de son homme. C'était trop farce !* » (G. Chepfer, « Les lauriers sont coupés »).

FENDRE v.i. [Se dit d'un bois selon qu'il est facile ou non à fendre.]
« *Le bouleau, c'est trop chanveux, ça ne fend pas.* »

FER À CHOUCROUTE Voir COUTEAU À CHOUCROUTE.

FEÛGNÂ Voir HARTÂRE 3).

FEÛGNER v.i. Fouiller, farfouiller, chercher avec insistance et souvent indiscrétion.
« *Je n'aime pas voir le Nénesse feûgner par ici. On ne sait jamais, avec les êtres-là.* »

FEUNETRÉ Voir CHANVEUX.

FEURGUEILLÂ Voir HARTÂRE 3).

FEURGUEUNER v.t./i.
1) Tisonner le feu. [Partout].
Même sens : BEURGUEUNER, CRAFIER, GRAVILLER, GRIBOUILLER.
2) Chercher quelque chose en mettant tout sens dessus dessous. Fouiller, farfouiller, fureter.
« *Et dans la « rang » où la paille est froissée, le Monsieur habillé de soie, s'étire, se dresse, s'agite, « feurgeugne » du groin le long des planches et lève l'oreille au moindre bruit.* » (Anonyme, in J.-M. Cuny).
3) Travailler sans méthode ni soin ni ordre.

FEURLOQUES Voir FRAPOUILLES.
Variantes : FIRLOQUES, FURLOQUES.

FÈVE n.f.
Haricot vert. [Partout].
« *C'est pas des haricots que je veux, c'est des fèves.* » « Contes de Fraimbois » (avec le sens fr. de « haricot »).

FIÂCHE adj.
1) Fané, fripé, mou, ridé. [Partout].
« *Avec la sécheresse-là, les feuilles de lisette sont toutes fiâches.* »
2) (au figuré) : Pas en forme, patraque, mou...
« *Malgré ça, quand le soir venait, on ne pouvait pas s'empêcher d'être tout chose, tout fiage en pensant que chez nous la nuit ne nous faisait pas si froid dans le dos quand elle tombait sur nos vieux toits, sur nos champs et sur les coteaux d'alentour.* » (G. Chepfer, « Après le coup de balai le coup de torchon »).
Variante : FIÂGE, FLÂCHE.

FIAUVE n.f. Histoire, conte, fable. [Partout].
« *Tout ça c'est des fiaûves de rouge pouché.* » (= histoires à dormir debout).
« *Les Sociétés savantes locales incitèrent érudits et amateurs à recueillir les vestiges de la littérature populaire en Lorraine : poèmes, chansons, fiauves, Noëls...* » (M. Laissy).

FIÂMOCHE n.f.

1) Flamèche, étincelle. [Lorraine du Centre et du Sud].

« *Quand on brûle de la paille, faut faire attention, les fiâmoches peuvent foutre le feu partout.* »

Même sens : PÉTILLON, PÉTRON, QUICHE 2.

2) Flocon de neige. [Massif montagneux].

« *C'est pas de la neige qui tombe, juste deux ou trois fiâmoches de rien du tout.* »

FIÂRER Voir CHMAQUER.

FIER adj. Acide, âpre, âpre au goût. [Partout].

« *Les prunes ne sont pas encore mûres, elles sont trop fières pour moi.* »

FIEUREILLE Voir CENDRIER.

FÎFER v.i.

1) Siffler [en parlant, par exemple, de la vapeur qui s'échappe d'une cocotte-minute].

« *T'entends donc pas ta cafetière qui fîfe ? Café bouillu, café foutu.* »

2) Être en colère, bouillir intérieurement.

« *L'Angèle fifait l'autre jour, elle faisait vilain, t'aurais vu ce qu' l'André a pris !* »

FILANT (-TE au f.**)** n.m. Fil de haricot.

« *Je ne veux pas des fèves-là, j'en ai eu l'année passée, ils sont pleins de filants.* »

FILOCHE n.f. Sorte de panier de fil de fer tressé dans lequel on conserve, dans l'eau et vivants, les poissons pêchés.

Comme le poisson n'avait pas envie, lui non plus, de quitter son milieu pour les filoches, les prises furent moins nombreuses que le dimanche précédent.

Les Annonces des Hautes-Vosges, 13-7-1986

FINIR v.t. Arrêter, cesser, achever.

« *Ma fi ! il ne finissait pas de faire la quicambole et le haut poirier, par une chaleur pareille ; pas le plus petit souffle d'air.* (G. Chepfer, « Les lauriers sont coupés »).

FIOQUER v.i.

1) Flétrir, faner.

« *Tu ne vas pas encore me faire des bouquets de jonquille, ça fioque tout de suite, on ne peut pas les garder.* »

2) (au figuré) : Ne pas être dans son assiette, être patraque...

« *Je ne sais pas ce que j'ai aujourd'hui, ça ne vas pas, je fioque.* »

FIROPE (FAIRE -) loc.v. Cesser de travailler, avoir fini sa journée, faire la pause. [Vallées

vosgiennes d'Alsace, Hautes-Vosges].
« *On en a assez pour aujourd'hui, on peut faire firope.* »

FLÂCHÉ p.p. Versé. [Se dit d'une récolte.] [Lorraine du Nord].
« *Après l'orage de cette nuit, les avoines sont toutes flachées.* »

FLAMANDE n.f. Sorte de verrière, placée en excroissance sur le toit, permettant d'éclairer la cuisine habituellement borgne en Lorraine du Nord et centrale.
« *Autrefois chaque maison était une petite ferme. Un couloir permettait l'accès aux appartements limités à une pièce donnant sur la rue et à une cuisine éclairée depuis le toit par une verrière appelée improprement flamande.* » (F. Guillaume).

FLATE n.f. Bouse de vache. [Lorraine du Nord].
« *T'es beau, tiens ! t'es encore allé patouiller dans la flate, tu n'en feras jamais d'autres !* »
Même sens : BOSÈ.

FLEURS n.f.pl. Taches de rousseur.
« *Ah oui ! Elle est belle ta chérie, avec ses fleurs plein la figure !* »

FLEURS DE CIMETIÈRE loc.nom.f.pl. Taches de vieillesse sur la peau, notamment celle des mains. Sortes de mélanomes.

FLEURS DE J'T'EMMERDE loc.nom.f.pl.
1) Neige du coucou, dernière neige. [Massif montagneux].
« *Fleurs de j't'emmerde, fleurs de j't'emmerde, qu'est-ce que ça veut dire ? Qu'on s'en fiche ou qu'elle va encore tout brûler en tombant si tard ?* »
2) [À Metz] : Neige du 26 décembre (la Saint-Étienne, jour de la louée des commis de culture, date à laquelle ils pouvaient quitter leur patron pour en prendre un autre).

FLEURS DE SOUMISSION loc.nom.f.pl. Première neige. [Massif montagneux].
« *Ils sont poètes, hein, les gens des hauts : la première neige, ils appellent ça les fleurs de soumission. À moins qu'ils soient fatalistes.* »

FLO n.m. Nœud de lacet, pour les chaussures, de ruban, pour les cheveux. [Partout].

Joli cliché, beau souvenir ? C'était du côté de Saint-Dié il y a quelques années. (...)
Mais qui c'est à gauche cette jolie brunette avec un beau flot dans les cheveux ?

Les Annonces des Hautes-Vosges, 19-3-1989

Variante : FLOQUET.

FOFLETTE Voir CÂCATTE.

FOINGER v.t.
1) Enfumer. [Depuis Saintois – fin].

« *Le Pierre, il les aime tellement ses mouches à miel, il ne prend même pas la peine de les foinger. À croire qu'il aime ça, il se fait piquer une bonne dizaine de fois par jour !* »

2) Faire de la fumée [en parlant d'un feu qui brûle mal].

« *Ça foingait ! Mon ! j'avais les yeux qui piquaient.* »

3) (au figuré) : Travailler avec ardeur, donner un bon coup de collier.

« *Ils n'avaient pas envie de revenir le lendemain, alors ils se sont mis à foinger, fallait voir comme ça débarrassait !* »

FOINGÉRE n.f. Fumée.

FOIRER Voir BOULER.

FOIS (LA -CI, LA -LÀ) loc.adv. Cette fois-ci, pour le coup.

« *Tu verras la tête que fera la mère Courrioux, le jour où nous achèterons la maison de la Dorothée qui est à côté de la nôtre et les terres du vieux Crâpi. Nous aussi nous pourrons lever le nez, la fois-ci.* » (G. Chepfer, « L'héritage imprévu »).

FONCHES Voir BOIS.

FONTAINE n.f.
1) Source. [Partout].

« *Plusieurs fois nous nous sommes rendus dans des communes voisines à l'appel du tocsin avec un matériel attelé et presque toujours, à notre arrivée, il n'y avait plus rien à faire parce que la maison était entièrement détruite et d'autres fois parce qu'on avait affaire à une maison isolée qui n'avait que la fontaine pour fournir l'eau, ce qui était insuffisant, même pour une petite pompe.* » (J.-B. Haxaire, in Les Annonces des Hautes-Vosges, du 29-1-1989).

2) Canalisation d'adduction de la source à la maison.

« *La goulotte ne découle plus. Faut que j'aille relever notre fontaine.* »

3) Bassin dans lequel se déverse la source.

M. N... a accepté le passage d'une canalisation dans sa propriété depuis sa fontaine jusqu'à l'égout communal. Un devis sera demandé pour la réalisation des travaux.

Les Annonces des Hautes-Vosges, 19-2-1989

4) Robinet d'un tonneau. [Lorraine du Nord].

FONTAINE (BASSIN DE LA -) loc.nom.m. Bassin dans lequel se déverse l'eau d'une source [ce bassin peut être à l'intérieur de la maison ou à l'extérieur].

« *Un mois après, la choucroute était faite. Tante en retirait une bonne passoire pour la dessaler dans le bassin de la fontaine. Elle la faisait recuire un quart d'heure dans de l'eau.* » (P. Fève, in J.-M. Cuny).

FOSSOIR n.m. Houe dont le fer est perpendiculaire au manche et qui permet, entre autres, d'entretenir les rigoles des prés. [Massif montagneux].

> **VENDS** : Chargeur de bois pour tracteur, manches de fossoirs et de pioches. Tél. 29.51...

Les Annonces des Hautes-Vosges, 7-12-1989

FOUCHTRÂ Voir CARAMAGNÂ.

FOUILLANT n.m.
1) Taupe (animal). [sauf Lorraine du Nord].
« *Le jardin est envahi par les fouillants, on a tout essayé pour s'en débarrasser, il n'y a rien à faire.* »
2) Taupinière.
« *Le parc est plein de fouillants, faudra passer le rabote-prairie.* »

FOUILLATTE n.f. Feuille (de papier, de salade, d'arbre...).
« *Quelques fouillattes de salade avec des pommes de terre rondes, c'est assez pour le dîner.* »
Variante : FOUILLOTTE.

FOURNEAU À DEUX (QUATRE) POTS loc.nom.m. Cuisinières à 2, 3 ou 4 « trous ».
« *Échangerais fourneau 2 pots contre fourneau 4 pots, cause manque de pot.* » (Petite annonce « authentique » passée par un célèbre conteur vosgien).

FOUTERIE n.f. Objets hétéroclites, de peu de valeur et encombrants.
« *Ils espéraient sûrement trouver des antiquités quand ils ont acheté la maison-là, les vendeurs ne leur avaient laissé que la fouterie.* »

FOUTRE v.t. Faire, mettre... [Ce verbe est un « utilitaire » qui n'a, en aucun cas, trace d'acception sexuelle ni de niveau de langue argotique.] [Partout].
« *Avec le couvot, c'était pas rare que les femmes foutent le feu à leurs cottes.* »
FOUTRE UNE CLAQUE, - LE CAMP, - A LA PORTE, - BAS, ETC. Voir JETER BAS.

FRAGER v.impers. S'abattre en rafales [en parlant de la pluie]. [Montmédy, Pays-Haut, Argonne, Woëvre].
« *Quel orage ! ça frage fort contre les vitres.* »

FRAÎCHE 1 adj.épicène.
Trempé, mouillé, humide. [Lorraine du Nord].
« *Qu'est-ce que tu as encore fait ? Te voilà tout fraîche.* »

FRAÎCHE 2 adj.f. (Vache) dont la lactation vient de commencer ou recommencer après un vêlage, qui entame sa lactation. [Partout].

> **VENDS** vache fraîche de son 1er veau, traite à la main, M. Maurice N...

Les Annonces des Hautes-Vosges, 8-10-1989

Variante : FRAÎCHE À LAIT.

FRAÎCHEUR n.f.
1) Humidité.
« *On fait des cabossés pour que le regain ne prenne pas la fraîcheur de la nuit.* »
2) Froid.
« *La fraîcheur tombe vite après le 15 août.* »

FRAILLON n.m. (prononcer : fra-yon) Échauffement de l'intérieur des cuisses [victimes : les cavaliers, les obèses, etc.], irritation entre les fesses (des bébés, par exemple). [Partout].
« *Le soir, ils avaient fait vingt kilomètres, en chantant ; le temps était encore bien chaud, étouffant même. Plus d'un avait contracté le frayon. Dans la grange où ils étaient pour passer la nuit, les voilà qui cherchent leur lard pour se graisser entre les deux fesses.* » (P. Fève, in J.-M. Cuny).
Variantes : FROILLON, FROILLOTTE.

FRAIS adj.
1) Humide.
« *On ne peut pas aller canader, c'est encore trop frais.* »
2) Froid.
« *La cave est trop fraîche, les pommes de terre ne s'y conservent pas.* »
Même sens : CRU.
3) Boueux.
Voir NICHE 1).

FRÂLER v.t.
1) Casser, briser. [Partout depuis Seille].

> Valsait-elle à l'endroit, ou bien à l'envers ? N'empêche que sa chaussure a « frâlé » tout d'un coup. Ah, cette franche rigolade.

Les Annonces des Hautes-Vosges, 15-10-1989

2) Ébouler.
« *On entendit un grand bruit, c'était la maison qui frâlait.* »
3) Être étendu, vautré.
« *Le Coliche était frâlé dans la caisse à bois.* » (Vanony).

FRANÇAIS DE L'INTÉRIEUR loc.nom.m. Français non annexé en 1871. [Se dit surtout chez les germanophones.]
« *Le nombre des Féraumontois « nés-natifs du pays » n'avait pas diminué, mais il ne représentait plus maintenant que le cinquième de la population. Parmi les autres, il y avait toujours des Français de l'intérieur et des frontaliers, mais la majorité, à présent, était italienne.* » (A.-M. Blanc).

FRANDOUILLE n.f. Guenille, habit déchiré.
« *Ouais ! pourvu qu'on n'ait pas un accident dans la rue, je serais toute honteuse si on voyait tes doigts de pieds qui passent à travers tes chaussettes et le pané de ta chemise qui n'est plus qu'une frandouille.* » (G. Chepfer, « Le Jour de l'An »).

FRANDOUILLÉ p.p./adj. Déguenillé, en charpie.
« *Et les deux qui habitent chez le vieux Kaiser ? Un est tou-*

jours mâchuré, l'autre n'a que du linge tellement frandouillé qu'on ne sait comment le laver... » (A.-M. Blanc).

FRAPOUILLE n.f.
Guenille. [Partout].
« Leurs soldats étaient mal frusqués, preuve que je vendais à leurs officiers mes pantalons collection trois, des « frapouilles » dont je ne voulais plus. » (E. Moselly).
Même sens : FEURLOQUES, PATTE 2 1).

FRAPOUILLÉ adj. Déguenillé.

FRAPOUILLES (EN -) loc.adv. Déguenillé.

FRAYÉE n.f. Passage fait dans la neige, à la pelle ou avec le chasse-neige. [Vôge et partie du massif montagneux].
« La neige fraîche avait en partie comblé la frayée. » (F. Martaine).
Même sens : BRISÉE.

FRAYÉE (FAIRE LA -) loc.v. Dégager la neige, que ce soit à la pelle ou avec un chasse-neige.
« On peut dire ce qu'on veut, mais, en montagne, les gars de l'Équipement, ils sont sur les routes à 4 h du matin pour faire la frayée. »
Même sens : BRISÉE (FAIRE LA -)

FRÉQUENTER CHEZ loc.v. Être assidu chez quelqu'un, avoir ses habitudes chez quelqu'un.
« Ah ! c'est un mandrin qui ne respecte rien. J' l'ai toujours regardé d'un mauvais œil, moi. Depuis qu'il fréquente chez nos enfants on n'a eu que du malheur. » (G. Chepfer, « L'accident d'Angèle »).

FRIAND adj.
1) Gourmand, aimant la bonne chère.
2) Difficile sur la nourriture.
« Du pain à notre chien ? Il est bien trop friand, il n'en voudra pas. »
3) Appétissant, agréable à l'odorat et au goût.
« Toute la pièce embaumait la viande grillée et les aromates choisis par Marion avec minutie. Les effluves charnels des champignons et les odeurs suaves et friandes faisaient attendre avec impatience le début du festin. » (F. Martaine).

FRICADELLE n.f. Tranche de foie de porc entourée de la « toilette ».
« Des rissoles, des fricadelles, de la tétine à s'en relècher les babines, des égrévisses si bien relevées qu'elles vous emportaient la bouche. Jamais que c'était bon, je les sens encore. » (G. Chepfer, « La première communion du gamin »).

FRICHE n.m. Friche, terrain inculte, terre laissée à l'abandon. [Partout].

« *Tout à coup, aux premières maisons en dessous du friche, elle a vu comme deux lanternes et elle s'est aperçue que c'était un loup.* » (R. Wadier).

FRICHTIC n.m. Repas, collation.
 « *Et nous qui avons fait un si bon frichtic. Ah ! c'est pas tout les jours qu'on a un communiant.* » (G. Chepfer, « La première communion du gamin »).

FRITER v.t./i. Frotter une allumette. [Lorraine du Sud].
 « *Pour allumer le feu au bois, rien de plus facile : on frite une allumette sur un bout de grasse pinasse, et c'est parti.* »

FROMAGE (BLANC -) loc.nom. Fromage blanc. [Antéposition habituelle de l'adjectif.] [Partout].
 « *Te ne peux pu nâpier que de la panâte, du blanc fromâche et de la soupe mitonnée... Ce n'est pas des nourritures...* » (F. Rousselot).

FROMAGE DE CUL, FROMAGE FONDU, FROMAGE (FORT -) Voir FROMAGÉE.

FROMAGÉE n.f. Cancoillotte. [Haye, Pays messin, Seille].
 « *Les Clarisses se sont présentées*
Avec les Congrégandines
Elles pressent dans leurs tabliers l'ABC
Des dragées, des pralines
Des darioles avec des candis
De la fromagée
De la quiche. » (Noël des Caribaris, in M. Laissy).
 Même sens : FORT FROMAGE, FROMAGE DE CUL, FROMAGE FONDU.

FRONCHES Voir BOIS.

G

GACHILOME n.m. Sparadrap. [Moselle].
« *T'as juste besoin d'un petit bout de gachilome sur ton égratignure.* »

GAFFE Voir BERLAFE.

GAILLE n.f. (prononcer ga-ye).
1) Voir BIQUE 1), 2), 3).
« *La chèvre du maire était une gaïsse plantureuse, dont la mère devenait de d' chez les Allemands. Plusieurs fois déjà, elle avait accepté les politesses du Batisse.* » (F. Rousselot).
Même sens : BOCATTE 1), BOCATTE 2).
2) Femme maigre et sèche.
Variante : GAISSE. (Prononcer ga-ysse).

GAILLETTE, GAILLOT Voir BIQUE 3), BIQUI.

GALAFE n.m./f. Individu affligé d'un gros appétit et qui, généralement, mange salement. [Saintois, Haye, Seille, Massif montagneux).
« *Et une autre, parfois une troisième, apparaissait sous les doigts agiles, jaunissait, se dorait, se gonflait, avec des senteurs exquises, avec des croustillances qui « vous faisaient venir l'eau à la bouche », l'eau du désir, les « galafes » !* » (E. Badel).
Variante : GOULAF.
Même sens : PANSÂ.

GALETTE n.f. Tarte (dessert). [Lorraine du Nord].
« *Payse, prends sur le buffet
Le grand plateau de frêne
Et montre aux enfants comme on fait
La galette lorraine.* » (A. Theuriet).

GALETTE AUX CHONS loc.nom.f. Quiche au lard.

GALETTE À LA FLAMME loc.nom.f. Variété de tarte.

GALETTE AU LARD loc.nom.f. Quiche au lard.

GALETTE LORRAINE loc.nom.f. Variété de tarte faite avec de la pâte à pain.

GAMBION n.m. Morceau de bois auquel on suspend le cochon pour pouvoir le dépecer.
« *Frais et rose, le cochon était ensuite accroché au gambion où, avec des gestes précis, il était ouvert.* » (A.-M. Blanc).

GAMIN, GAMINE n.m./f.
1) Enfant. [Les parents peuvent continuer à appeler leurs enfants « gamin » quel que soit leur âge].
« *Not' gamin part au régiment la semaine prochaine.* »
2) Mâle.
« *La Blanchette a fait veau le matin, c'est un gamin.* »

GARENNE n.f. Terrain en friche, mauvaise terre. [Lorraine du Nord].
« *Il ne pourra jamais s'en sortir : il n'a que des garennes.* »

GAÛILLE Voir TORCHON DE PAVÉ.

GAÛILLER 1) v.i. Patouiller dans la boue, dans un liquide.
2) v.t. Envier quelqu'un.

GAZON n.m.
1) Pelouse des Hautes-Chaumes.
« *Au moment où le chemin avait déposé Paulus à l'orée du gazon de Belbriette, le parfum de l'herbe chaude l'avait profondément réconforté.* » (F. Martaine).

2) Lieu-dit désignant ces pelouses.
« *Le Rouge-Gazon* », « *Le Gazon du Faing* »...
3) Motte de terre et d'herbe.
« *On pouvait boucher la cheminée du voisin avec des « gazons » (l'herbe et sa terre), démonter une charrette et la reconstituer sur un toit, parfois sur un arbre.* » (J. Grossier).

GENS
1) n.m.pl. Parenté.
a) Père et mère.
« *Non, je ne veux plus jouer avec le Maurice : c'est un vrai raccuse-potot, il raconte tout à ses gens.* »
b) Famille, parents.
« *C'est que je n'ai pas de temps à perdre. Tous mes gens vont arriver pour la fête et y ne faut pas leur en promettre aux ouarés-là, c'est des vrai cheulards !* » (G. Chepfer, « Dans la cuisine faut c' qu'y faut »).
2) n.f. Personne, être humain.
« *Peut-être qu'elle est encore bel et bien vivante comme vous et moi. Papa disait toujours : « elle vivra plus que nous tous, la peute-gens-là, (sic) le bon Dieu n'en veut pas, le diable non plus.* » (G. Chepfer, « L'héritage imprévu »).
3) Femme plutôt forte, dans l'expression UNE BONNE GROSSE GENT.
« *La Zabeth, c'est une bonne grosse gent.* »

GÉRÔMÉ n.m. Fromage fabriqué à Gérardmer et dans ses

environs [de la famille du munster].

« *De mémoire d'homme, on n'a jamais fabriqué, à Gérardmer même, d'autre sorte de fromage que le géromé.* » (P. Walter).

GLÈTON, GLOUTON Voir PERMÈTÉ.

GOBLOTER v.i. Grignoter en dehors des repas. [Neufchâteau].
« *Comment veux-tu avoir faim ? tu n'as pas arrêté de gobloter toute la matinée !* ».

GOGOL Voir BEUBEU.

GOLOT, GOLOTTE Voir DÉCOULANT.

GOMBÉ Voir CHTEÛ.

GORGE (GROSSE -) loc.nom.f. Goître. [Partout].
« *C'est l'eau de par chez nous qui donne la grosse gorge.* »
Même sens : COU (GROS).

GOSSER v.t./pron.
1) Gaver, bâfrer, rassasier. [Partout].
« *Et de voir manger et se gosser tous ces bons Lorrains, Notre-Dame de la Quiche était donc moult aise, pensez bien !* » (E. Badel).
Même sens : TANRÉ (ÊTRE -), TOSER, TÔPER.

GOSSANT adj. Bourratif. (Se dit d'un aliment).
« *Elle est rudement gossante, ta purée !* »

GOULETTE, GOULOTTE Voir DÉCOULANT.

GOUMI n.m. Variété d'argouse (*Eleagnus edulis / multiflora*).

Les médailles de la foire aux petits crus vosgiens :

Le Jury de la Foire aux Petits Crus Vosgiens qui s'est tenue à Senones dimanche, a attribué les médailles suivantes (après dégustation) :
Médaille d'or : Groseille 86 de Jean-François Wirth, de Clefcy (...) Goumi 88 de Christian Lemaire, de Marzelay (plus prix de la Ville).

Les Annonces des Hautes-Vosges, 11-6-1989

GOÛT n.m. Odeur, parfum.
« *Tiens, dit le domestique, ce sont les fées qui cuisent ce matin ; le bon goût de chaudé, ce qu'on en mangerait bien une part !* » (Abbé Fontaine, in R. Wadier).

GOÛT (AVOIR UN -, SENTIR UN -) v.t.
1) Sentir (aux sens actif et passif). [Partout].
« *Ça sent un drôle de goût* ».

GOYOTTE n.f. Bas-de-laine, économies...
« *Il est comme vous, il n'a pu l'âge. Je regrette assez qu'il ne le soye pas, j'aurais touché l'allocation, votre bru la touche bien... ; elle a pourtant une bonne*

goyotte. » (G. Chepfer, « La bonne hôtesse »).
Variante : GÔYOTTE.

GRAISSE (GRANDE -) loc.nom.f. Friture abondante, huile.
« *Les beignets, pour qu'ils soient bien saisis, il faut les frire à la grande graisse.* »

GRAISSER v.t.
1) Engraisser (un animal).
« *Depuis trois ou quatre semaines on graissait la bête, le gros Monsieur tout habillé de soie, on lui donnait tout ce qu'on avait de meilleur (...)* » (Anonyme, in J.-M. Cuny).
2) Fumer un champ.

GRAISSER LES BOTTES loc.v. Donner l'extrême-onction.
« *Monsieur le curé n'a même pas eu le temps de lui graisser les bottes, il était déjà mort quand il est arrivé.* »

GRATTON Voir PERMÈTÉ.

GRAVÌLLER Voir FEURGUEUNER.

GREFFIER (-ÈRE) n.m. Secrétaire de mairie.
« *Le maire et la greffière, on le sait bien qu'ils fricotent ensemble.* »

GRIBOUILLER Voir FEURGUEUNER.

GRILLADE n.f. Voir COCHONNÉE.

GRIMON Voir COUCHES.

GRIS (VIN -) s.m. Vin blanc, à peine coloré de rose, produit dans la région de Toul.
« *Le tout arrosé d'un bon vin de l'avant-dernière récolte. Les bouteilles de rouge, de gris et de blanc tirées toutes poussiéreuses de derrière les fagots, aidaient à manger l'excellente tarte au sémezan, le gâouin, les micherons et les gigantesques pâtés, chefs-d'œuvre culinaires de la ménagère.* » (H. Maire.).

GROLER Voir DÉGROULER.

GROUOTTE (NOIRE -) loc.nom.f. Foie de porc.
« *Les abats servent à la confection de saucisses, d'andouilles, andouillettes, le foie et la cervelle en fricassée, avec la tête on confectionnait le fromage de cochon. La noire grouotte, c'est-à-dire la fricadelle, ou tranche de foie était servie grillée et le reste servait à la confection de pâtés de ménage.* » (J.-M. Cuny).

GUENICHE, GUENON Voir CATICHE.

GUILLE n.f. Quille.
« *On va jouer aux guilles chez le Maurice tous les dimanches après-midi.* »

H (1)

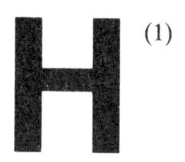

*HABEURLIN Voir BAÛGEATTE.

*HÂBLER Voir MARNER.

*HÂBLOUX Voir HARTÂRE 3).

*HACHEPAILLER v.i. Parler l'allemand ou un dialecte germanique. [Toujours péjoratif.] [Partout].
 « *Ils ne sont pas de chez nous : ils hachepaillent, là-bas.* »
 Variante : *HACHER DE LA PAILLE.
 Même sens : *HALLEMANDER.

*HAGIS n.m. Petit bois appartenant à un propriétaire privé. [Ce petit bois, n'excédant pas 1 ha en général, peut être inclus dans une vaste forêt.]

A VENDRE : 12 agneaux bons pour la boucherie, 1 hagis de 80 ares épicéas, sapins 60 ans à Entre-Deux-Eaux...

Les Annonces des Hautes-Vosges, 2-11-1986

*HAGNETTE Voir POUILLOTTE 3).

*HÂILLIF Voir BRISAQUE.

*HÂLE n.m. Vent d'est desséchant, assez spécifique du mois de mars.
 « *Le hâle de mars dessèche la terre.* » (Au fil des mois).

*HALETTE n.f. Coiffe en toile, à larges bords retenus par des lamelles de bois, que portaient les femmes pendant l'été pour se garantir du soleil.
 « *Mis à part les sabots et la halette qui sont encore parfois aperçus çà et là lorsqu'on traverse les contrées rurales, ou la blaude qui revient à la mode pour des*

(1) L'astérisque signifie que le H est très fortement aspiré, dans les zones (très majoritaires) où cette articulation s'est maintenue.

raisons de confort romantique, le costume de notre province n'est plus qu'un souvenir. » (J. Grossier).

*HALGOTI Voir HARTÂRE 3).

*HALLEMANDER
Voir *HACHEPAILLER.

*HALTATA n.m./adj. Tout fou, excité, évaltonné, irresponsable, exalté.

*HANDLER Voir :
1) MONDER.
2) RAMONER.

*HANDLEÛR Voir RAMON.

*HAPPÉ Voir CHOQUÉ.

*HARTÂRE n.m.
1) Petit cultivateur, pauvre et mal outillé.
« Chaque après-midi de l'été et du naissant automne – dans les temps – ma grand-mère se rendait dans son verger, pauvre clos de hartare qu'un maigre buisson d'épines noires séparait du mai. » (F. Rousselot).
2) Avare.
« Il n'y a que les Grappinot qui ne lui ont rien donné du tout : il ne sort que la fumée de chez les hartares-là. » (G. Chepfer, « La première communion du gamin »).
3) Celui qui travaille mal. [Saintois, Haye, Seille].
Même sens : BREUSIÂ, BREUSTEULÂ, BROILLÂ, CRAFIÂ, FEÛGNÂ, FEURGUEILLÂ, HÂBLOUX, HALGOTI, HOLI, QUEUVIÁ, SEÛGNÂ.

(H)ARTINE Voir BAÛGEATTE.

*HASPOUILLER v.t. Secouer quelqu'un, déranger, perturber, exciter, énerver quelqu'un ou un animal (de la basse-cour), dynamiser quelqu'un.
« Ne laisse pas l'enfant-là haspouiller nos poules, il va les désaisonner. »

HATUS Voir BOIS.

*HAUT-FER n.m. Scierie actionnée par une roue à aubes et dont la lame (fer) est verticale. [Massif montagneux et Nord de la Lorraine].
« (...) au bord des torrents, quelques hauts-fers qui ne scient plus et, envahis désormais par l'herbe et les fleurs, des rigoles traversant les prés, où jadis on blanchissait la toile de lin. » (J. Grossier).

*HAUTS n.m.pl. Parties les plus élevées du massif vosgien. [Massif montagneux].
« Mémé-Bûche », *ainsi que nous l'appelons sur les « Hauts », est de tous les « cwârège », de toutes les veillées, de toutes les grandes « loures ».* (J. Saltel).

2) La montagne en général.
« *La population des hauts est toute issue des anciennes familles de pasteurs.* » (J. Grossier).
3) LES GENS DES HAUTS : les montagnards.

Gens des hauts à vos plumes et crayons

« Sources », revue culturelle des hauts, prépare son quatrième numéro (qui doit paraître vers Noël 89) et attend vos productions.

Est Républicain, 15-9-1989

---

*HEILLANT Voir BRISAQUE.

HERBE (ALLER À L'-) loc.v. Aller chercher du fourrage vert (le matin ou le soir) destiné aussi bien aux vaches qu'aux lapins. [Partout].
« *Le soir, nous avions droit à quelques distractions. Avec mon cousin Roby, il fallait aller à l'herbe pour les lapins : du sénéçon de préférence.* » (F. Guillaume).

*HEULER Voir BUQUER.

HEURE (À BONNE -) loc.adv. Tôt, de bonne heure.

La Foire aux Lapins de Plainfaing, on y vient et on y revient

Cette année, ce sera la 17e du nom et, pour peu que la météo soit favorable, il faudra venir « à bonne heure », histoire de trouver une place pour garer son véhicule.

Les Annonces des Hautes-Vosges, 29-10-1989

HEURE (À C'T'-) loc.adv. Maintenant, aujourd'hui, dorénavant.
« *Te pourras toujours essayé d'entrer à la congrégâtieun, à c't'heure, te seras bien reçue !* » (F. Rousselot).

*HEUTER Voir BUQUER.

*HOCHER v.t.
1) Secouer (un prunier...).
« *Il n'y a rien de plus fatigant que de hocher les mirabelles.* »
2) Gauler.
3) Bercer (un enfant...). Voir CHARGANTER 2).
4) Avoir du jeu. [Se dit d'un manche d'outil.]
« *Le manche de ma faux hoche, faudra que je le trempe dans la fontaine.* »
Même sens : * HOLER.
5) p.p./adj. Soûl.

* HOLER Voir * HOCHER 1), 2), 3), 4).

* HOLI Voir HARTÂRE 3).

87

*HOLTZ (TÊTE DE -) loc.nom.f. Tête dure, tête de bois, entêté, « tête de Boche ».
« *Te tireras toute ta vie le diable par la queue et ça sera bien fait, tête de holtz !* » (G. Chepfer, « Mais qui donc a gagné les cinq millions ? »).

*HOMEÛRE Voir CHAUDIÈRE 2).

HOMMÉE n.f. Mesure de surface agricole. (Entre 2 et 3,33 ares : dixième partie du « jour ».) [Lorraine centrale et du Sud].
« *Je n'ai gardé que deux hommées de vigne, j'en ai bien assez avec ça.* »

HONNÊTE adj. Gentil, aimable, poli.
« *Si seulement vous étiez venus hier. Oh ! jamais que je suis contrariée, j'en aurais une indigestion que ça ne m'étonnerais pas, ainsi. Vous qui êtes toujours si honnêtes avec nous.* » (G. Chepfer, « La première communion du gamin »).

HONNEUR (ALLER À L'-) loc.v. Être invité à un mariage : messe et apéritif. [Lorraine du Nord].
« *Je suis allé à l'honneur au mariage du Jean-Paul et de la Catherine.* »

*HONTEUX adj. Timide, craintif, apeuré.
« *Fais pas attention, il est honteux le gamin-là.* »

*HORLÉE Voir CALENDE.

*HOT (BLANC -) n.m. Pommes de terres pelées cuites à l'eau. [Massif montagneux].
« *Du chique, du blanc-hot avec de la salade, c'est un bon souper en été, quand il fait bien chaud.* »

*HOT (NOIR -) n.m. Pommes de terre cuites en robe des champs.

*HOTTE (AVOIR UNE BONNE -) Voir CHARGE (AVOIR UNE BONNE -).
Variante : AVOIR UNE BONNE HOTTÉE.

IÈQUE pron.indéf. Quelque chose. [Partout].
« *Il n'y pas grand ièque à manger aujourd'hui.* »
Variante : IAQUE.

INCAPABLE À adj. Incapable de.
« *Not' Jean-Jean, il est incapable à ça, il ne voit pas plus loin que le bout de son nez.* »

INDIFFÉRENT adj. Qui ne laisse pas les autres indifférents, qui attire la sympathie.
« *Je crois que tu as tort, je ne le trouve pas si indifférent que ça.* »

INFINITIF [à valeur finale].
« *Tiens, voilà une paire d'œufs pour toi manger.* »

INGLOTTE n.f. Onglon [ongles des bovins, des porcins, des volailles]. [Partout].
« *On vide l'animal, on l'échaude, on lui râcle le corps, on lui ôte soies et inglottes ; on lui fend le corps du haut en bas, on enlève le foie, la misse, le cœur, le mou, les rognons, le bondon, la toilette, les pannes de graisse, que sais-je encore ?* »
(Anonyme, in J.-M. Cuny).
Variante : INGLETTE, etc.

INTÉRESSÉ n.m./adj. Avare, près de ses sous...
« *Il mettra tout votre argent sur son livret de caisse d'épargne, et vous lui en demanderez quand vous en aurez besoin. Il est intéressé pour lui, mais il n'y a pas plus donnant avec les autres.* »
(G. Chepfer, « Tante Didiche l'a échappé belle »).

JK

JALOUSIE n.f. Lycopode. (Plante proche de la fougère poussant sur le tronc de certains arbres, utilisée comme filtre pour « passer » le lait.) [Hautes-Vosges].

« *Il accomplissait toujours les mêmes gestes devenus au fil des soirs un rite apaisant. Il s'arrêtait d'abord à la fontaine, y plongeait ses mains en écartant la jalousie, laissait boire sa jument,...* » (F. Martaine).

JAMAIS excl. Mon Dieu...

« *(...) Je m' rappelle, moi, quand qu' j'étais jeune, on avait des étés très belles et très chaudes, ainsi quand on faisait les vendanges, y faisait une chaleur, jamais ainsi ! jamais !!! Allez-y voir maintenant (...)* » (G. Chepfer, « Chez la modiste »).

Variantes : JAMAIS AINSI, JAMAIS DE LA VIE, JAMAIS QUE.

JAMBOTER v.t. Enjamber. [Vosges].

« *Si vous coupez au court, il vous faudra jamboter les clôtures, v'là tout.* »

JAMBROC n.m.

1) Bâton ébréché placé dans la gueule du cochon quand on le saigne pour l'empêcher de mordre.

« *Par un petit jour de janvier, aigu et coupant comme le tranchant des couteaux fraîchement affilés sur la meule, on a sorti de l'aran (terme lorrain désignant le réduit à porcs) le porc repu de son et de pommes de terre ; on l'étend sur un lit de paille, tandis qu'un garçon lui met dans la gueule « le jean-broc », le bâton ébréché qui rendra ses crocs impuissants, et le tueur lui tranche le cou d'un geste habile.* » (E. Moselly).

2) Bâton qui sert à maintenir écartées les pattes arrières du porc pendant le dépeçage.

JARRET Voir JARRON DE FAGOT.

JARRON DE FAGOT n.m. Branches les plus grosses entrant dans la composition d'un fagot et qui sont disposées autour de celui-ci pour lui donner de la tenue.

« *Quand Mossieu le Maire nous a mariés, il a parlé de tes devoirs... Eh ben ! les devoirs-là, te les remplis t'i... Dis-moi voir, te les remplis t'i... t'es à côté de moi comme un jarron de fagot... comme une pelle à enfourner qu'on n'enfourne pas...* » (F. Rousselot).
Même sens : JARRET.

JAUNIRÉ n.m. Girolle, chanterelle (champignon).
« *Un rôti de veau aux jaunirés, rien que d'y penser, hum ! je m'en relèche les babines.* »
Variante : JAUNOTTE.

JETER BAS loc.v.
1) Abattre un arbre, une construction.
« *Attention, en jetant bas le sapin-là, de ne pas écraser les semis.* »
Même sens : FOUTRE BAS.
2) Jeter du foin du haut du grenier jusque dans la grange avant de le secouer pour le donner au bétail.
« *Monte au soleil, faudrait jeter bas du foin, il n'en reste plus.* »

JETER DE L'EAU BÉNITE loc.v. Bénir le corps d'une personne décédée (à son domicile le plus souvent), d'où : Veiller un mort.
« *Mais le pauvre cher homme attrapa une congestion et mourut peu avant Noël. Vous savez ce que c'est à la campagne, c'est la coutume d'aller veiller les morts et de leur jeter de l'eau bénite.*

C'est un témoignage de sympathie aux pauvres gens qui sont dans le malheur, n'est-ce-pas. ? » (R. Wadier).

JEUNE DE - loc.
1) Petit d'un animal.
« *Un jeune de renard* ».

JOC (ÊTRE À -) loc.v.
1) Être perché. [Se dit à l'origine des volailles, et au figuré de personnes, surtout des enfants.] [Partout].
« *Nos poules sont déjà à joc, il va pleuvoir.* »
2) En rut. (Se dit d'un homme au tempérament de feu.)
« *Le Paul, il n'est pas bien gras, faut dire qu'il est toujours à joc.* »
Variante : ÊTRE AJOQUÉ.

JOCU n.m. Perchoir des poules. [Partout].
« *Quand les poules sont sur le jocu et que c'est pas l'heure, c'est qu'il veut pleuvoir.* »
Même sens : POLI

JOUETTE Voir CALOTTE DU GENOU.

JOUR n.m. Mesure de surface agricole (varie entre 20 et 33,33 ares). [Partout].

« (...) *un bourgeois de Saint-Dié et un arpenteur étaient venus dans le but de mesurer dix ou douze jours de terre au Grand Valtin pour y implanter une scierie.* » (F. Martaine).
Variante : JOURNAL.

**JOUR (À L'AIR DU -,
À LA PIQUE DU -,
À LA POINTE DU -)** loc.adv.
À l'aube.

JOUR DES ÂMES loc.nom.m.
Le jour des morts, le 2 novembre.

KNEPPE n.f. Recette culinaire d'origine alsacienne.

« *Dans un récipient en terre, mélanger une livre de farine, quatre œufs entiers, un peu de sel, un peu de crème, du fromage blanc et formez du tout une pâte épaisse. Avec une cuillère, formez des boules de la grosseur de noix, les pousser avec le doigt dans l'eau bouillante salée, laissez cuire dix minutes. Une fois cuites, les faire sauter au beurre avec un oignon finement éminćé, ajouter de la crème et un petit hachis d'ail, échalotes, persil, le temps d'un bouillon ; servir de suite.* »
(J.-M. Cuny).

L

LA, LE art.déf. à valeur démonstrative ou possessive.
« Le Florimont », « le Dédé ».

LA, LE (...) -CI loc.dém. Celle-ci, cette, la... là, etc.
« Ils ne sont jamais dans la maison-ci, de peur de sâlir, d'user les planchers ; r'gardez, ils mettent des journaux par terre. Ils mangent dans la chambre à four, et ils couchent dans l'alcôve » (G. Chepfer, « La bonne hôtesse »).

LA MIEN, - TIEN, - SIEN pron.poss. La mienne, tienne, sienne.
« On connaît toujou la coix d'son voisin, mais on n'connaît jamais la sien ! et chacun en a sa part dessur la terre : si c' n'est pas d'un' façon, c'est d'une autre... ; c'est égal, n'en a qui n'en ont d'trop !.. oh ! pour sûr. » (G. Chepfer, « Chez la modiste »).

LA X DU Z loc.nom.f. La femme de M. Untel.
« En traversant le village de Soncourt, il faisait chaud, il marqua un temps d'arrêt chez la Zélie du charron qui tenait le café pour y boire une bouteille de bière. (R. Wadier).

LAIT À LA CASSEROLE loc.nom.f. Lait frais vendu en vrac à des particuliers.
« J'ai connu l'époque où plusieurs petits laitiers distribuant le lait frais « à la casserole » se disputaient le lait des éleveurs de ma commune. » (F. Guillaume).

LANÇAGE n.m. Façon de débarder le bois, en montagne, consistant à faire glisser le long des pentes, les troncs, depuis le lieu de la coupe jusqu'au chemin de vidange le plus proche.
« Attention lançage » (panneau de signalisation routière fréquent dans les Hautes-Vosges).

LANCER v.i./t. Débarder le bois selon le procédé décrit ci-dessus.

« Quand le terrain le permettait on « lançait » les tronces, en les faisant glisser sur la pente. » (J. Saltel).

LANCERON n.m. Cochon de lait, jeune porc tout juste sevré.

LANDAILLE n.f. Femme sans ordre, qui se laisse aller.
« Voyons, quand on se mariait, par exemple, c'était pour de bon. Vot' homme se piquait le nez ou vot' femme était une landaille, une trôleuse, une Proserpine, on ne jetait pas tout de suite le manche après la cognée pour ça, on tâchait de s'arranger (...) » (G. Chepfer, « Mon Dieu donc que le monde est changé »).

LANDRI n.m. Étagère à plateaux ronds, pivotant autour d'un poteau central, située à la cave, et sur laquelle on met à « mûrir », à « passer », les fromages. [Hautes-Vosges].
« La cave : escalier de granit grossièrement travaillé, sol inégal en terre battue, voûte en berceau ; des odeurs, odeur de terre, odeur puissante des pommes de terre dans les guèjnèye, odeur de poussière sur les bouteilles de vin de groseille, odeur des fromages sur le landri. » (P. Walter).

LARGE (LE - POING) loc. adv. Large comme la main (et souvent davantage).
« Il ramassa un galet gros comme le large poing. »

LARGE (TENIR LA ROUTE DE -) loc.v. Zigzaguer, tituber, être pris de boisson et ne plus pouvoir marcher droit.
« En rentrant du bistrot le Clément tenait la route de large. Il y a quand même un bon Dieu pour les soûlons : il a réussi à rentrer chez eux. »

LASSE n.f. Tranche de pain, tartine.
« Donc, quand elle a bien mijoté, pêle-mêle, dans la cocotte de fonte – toujours la même ! avec tous ces légumes multicolores, trempez la soupe avec de bonnes lèches de pain, versez-la sur un plat, et que chacun tire sa part dans son assiette. » (Belle Rose in J.-M. Cuny).
Variante : LACHE, LÈCHE, etc.

LAVE n.f. Pierre plate servant à couvrir les toits. [Neufchâteau, Châtenois, partie de la Vôge].
« L'usoir diminue au profit des cours intérieures et quelques toits de « lave » attirent encore le regard. » (R. Wadier).

LÈCHON n.m.
1) Complément d'alimentation du bétail donné en hiver. [Se compose de sons, céréales, betteraves mouillées d'eau tiède et/ou de mélasse.]
« Faut encore que je prépare les lèchons, je ne suis pas quitte. »
2) Petit morceau.
« C'étaient des sauces bizarres, des jus exprimés, des cara-

mels et des sucres fondants ; c'étaient aussi des liqueurs comptées à la goutte, pour donner du ton – le ton juste – et puis encore des « lèchons » de lard pour piquer le fond des grands plateaux graissés et, malheur ! d'énormes pains de beurre dans lesquels on tranchait (...) » (E. Badel).

3) Contravention (surtout pour stationnement interdit).

« À une époque, quand je faisais la route, j'avais au moins un lèchon par jour, ça finissait par faire cher : il n'y avait personne pour me les faire sauter. »

Même sens : BEGNET, PROTOCOLE, TOPIC.

Variante : LOCHON.

LEUR Voir NOTRE.

LINÇU Voir CENDRIER.

LISETTE n.m. Betterave. [Partout].

« Y en a fallu, grand'mère, du manger pour toutes les bêtes-là !.. et pi, pour les gens aussi...
– Oh y avait de quoi !.. On avait rentré dans l'arche des voitures de regain, de luzerne, des wagons de pommes de terre, de lisettes...
– Mais, les lions ne mangaient pas de lisettes !.. »
(F. Rousselot).

Même sens : DISETTE.

LISQUETTE n.f.
1) Petite tranche d'un mets, et notamment de pain.

2) Petite quantité de boisson, alcoolisée de préférence.

« Pour fêter la bienvenue, en ces jours de fêtes patronales, on offre, chez nous, une bonne petite « lisquette » de quelque chose – du raide ou du doux (...) »
(E. Badel).

LOBER v.t. Flatter. [Montmédy, Jarnisy, Pays-Haut].

LOBEUR n.m. Flatteur.

LONE Voir BRACO.

LORRAIN nom propre. Désigne le plus souvent les seuls Lorrains annexés entre 1871 et 1918 et entre 1940 et 1945, c'est-à-dire les Mosellans.

« Lorsqu'ils voyaient les femmes et les vieillards peiner aux champs, certains soldats proposaient leur aide :
– Nous sommes Lorrains, ou bien Alsaciens, disaient-ils. Nos grands-parents étaient Français comme vous. Laissez-nous vous donner un coup de main. Yo... yo... » (A.-M. Blanc).

LORRAINE nom propre. Lorraine annexée.

« Un petit boucher qu'on disait juif, rond comme une toupie, plus large que haut, amena de l'autre Lorraine, sa jovialité et sa compétence pour les recettes de conservation. » (A.-M. Blanc).

Variante : L'AUTRE LORRAINE.

LOURE n.f. Veillée. « Grande loure » : veillée où l'on dansait et, parfois, « recinait ».

[Massif montagneux].

« *Mémé-Bûche, ainsi que nous l'appelons sur les « Hauts », est de tous les « cwârège », de toutes les veillées, de toutes les grandes « loures »*. (J. Saltel).

LOUREUR n.m. Personnage qui fréquente les « loures ».

« *Voilà pourquoi, à la veille de la guerre 39-45, bien que les veillées fussent devenues beaucoup moins fréquentées et que les loureurs, pour la plupart eussent adopté des instruments modernes, l'épinette chantait encore de temps en temps dans quelques loures de la montagne gérômoise.* » (J. Grossier).

M

MÂ Voir BÂ.

MACHOT Voir CABOSSÉ.

MÂCHURER (SE) v.pron.
1) Se salir. Voir BARBONZER.
2) Se maquiller.
« *En deux temps, trois mouvements, j'ai flanqué toute la bande à la porte : les femmes-là n'étaient que des sales coquettes, elles se mâchuraient les yeux, la bouche et tout et tout.* » (G. Chepfer, « La Misquette reprend son auberge »).

MADIATTE Voir BROCOTTE 2).

MAGNIER Voir CARAMAGNÂ.

MAIN Voir VAYIN.

MAIN (À LA -) loc.adv. A gauche. [Vocabulaire des charretiers : LE CHEVAL DE LA MAIN, celui qui est à droite du charretier, c'est-à-dire attelé à gauche du timon.] [Partout].

Antonyme : À LA HORS-MAIN.

MAIN (LA BELLE -) loc. nom.f. La main droite.
« *Donne ta belle main, voyons.* »

MAIN (LA PEUTE -) loc. nom.f. La main gauche.

MAIRERIE n.f. Mairie.
« *On va le nommer fonctionnaire communal... Nous avons justement une grande cabane à côté de l'école... Il sera bien logé, bien nourri, bien soigné... Les gens qui lui amèneront leurs bocattes payeront au greffier de la mairerie le prix de la visite...* » (F. Rousselot).

MAIS n.m.
1) Arbres, arbustes, branchages que l'on place, le 1er mai, devant les maisons où résident des femmes célibataires.
« *La veille du 1er mai, les jeunes hommes allaient au bois ou bien ils préparaient des branches de hêtre. Ils les mettaient sur une*

99

charette dans le haut du village et allaient mettre les « mais » dans la chanlatte (le ch'neau). » (R. Wadier).

2) Décoration des reposoirs des fêtes religieuses.

« C'est avec beaucoup de peine qu'on alluma, sous la pluie, les bûles de la Saint-Jean avec les mais qui décoraient les reposoirs et les rues des deux processions de la Fête-Dieu. » (A.-M. Blanc).

Voir PAMPILLE 2).

MAISON DE CURE loc.nom.f.
Presbytère.

« À cette époque-là le curé avait des vaches. La maison de cure, c'était la première maison contre le cimetière, et la seconde maison, c'était la bergerie où il mettait les animaux, parce qu'il avait toutes sortes de bêtes. » (R. Wadier).

MAISON D'ÉCOLE loc.nom.f.
École (bâtiment).

« J'aurais voulu que le chemin des Aulnes fût tiré en ligne droite, depuis les maisons d'écoles à l'entrée des Aulnes et planté d'arbres. »« J.-B. Haxaire, in *Annonces des Hautes-Vosges*, du 29-10-1989).

MAL (AVOIR - QUELQUE PART) loc.v.t.d. Avoir mal à un organe, un endroit précis. [Partout].

« J'ai mal la tête, docteur, ça m'a lancé toute la nuit. »

MALGRÉ NOUS loc.nom.m.
Lorrain annexé incorporé de force dans les armées allemandes en 1914 et en 1940.

« Malgré-nous, à 18 ans en Russie » (Témoignage de Joseph Burg, édit. Pierron).

MAMAILLER v.t./i.
1) Bricoler.
2) Tripatouiller quelque chose de manière quasi illégale.
3) Magouiller.

MAMAILLOU n.m.
1) Bricoleur avisé.
2) Personne très débrouillarde.

La formation sur le tas, O.K. Mais pas n'importe où. Le comité départemental de la formation professionnelle refuse de laisser former des jeunes à un mamaillou. Histoire en deux actes.

Est Républicain, 22-10-1988

---

3) (au figuré) Homme qui vit de « combines », magouilleur.

MÂMICHE n.f. Grand-mère, femme âgée.

« Ces gaillards leur ouvraient de tels horizons ! un peu comme le faisaient les fables que les mâmiches leur contaient autrefois pendant les veillées de leur enfance. » (A.-M. Blanc).

MANIGANT n.m. Ouvrier, celui qui travaille à l'usine.

« Certain jour il [le curé] *ne retrouva plus les objets précieux de son église : calices, ostensoirs, etc. On les avait volés, bien sûr ! Deux pauvres « manigants »*

n'ayant pas une bonne réputation furent accusés. » (R. Wadier).
Variante : MANIQUANT.

MANNEQUIN n.m.
1) Voir BAÛGEATTE.
2) Homme de rien (injure).
« *Fous-moi le camp, espèce de vieux mannequin.* »
3) Empoté.
« *... Ça fait qu'on est arrivé juste pour se mettre les pieds sous la table. Hâ mais avec les beuillards de gosses ! V'là ti pas l'toûgnâ d'Gaston qui dit à l'espèce de mannequin qu'était là, debout avec un calepin dans la main : « Moi j'veux des escargots.* »
(G. Goulon).

MANRE adj. Mauvais, méchant...
« *Un homme de Saizerais était marié avec une femme qui était méchante, pire que le diable ; elle faisait toujours le contraire de ce qu'il demandait. C'était une manre bête, une vraie poison, quoi !* » (G. Chepfer, « La femme qui se noie »).

MANTE Voir BAÛGEATTE.

MAQUEREAU n.m. Amoureux, fiancé.
« *Not' Jeanne, elle est partie aux noisettes avec son maquereau.* »

MARAIS Voir BROCOTTE 2).

MARANDE n.f.
1) Collation, goûter, repas, pris vers 4 h de l'après-midi.

2) Dîners-spectacles organisés par certaines troupes folkloriques.
« *Vendredi 7 juillet, Grande moronde des Beûculons de Xonrupt.* »
Variante : MORONDE.

MARANDER v.i. Goûter, prendre une collation vers 16 h.
« *Ce dimanche-là, après avoir marendé avec P'tit Louis, qui devenait un joli trottot, Pépé Céline prit sa canne et partit, comme à l'accoutumée, faire un petit tour.* » (A.-M. Blanc).

MARCAIRE n.m. [suisse alémanique Melker]. [Partout].
1) Chaumiste, gardien du troupeau de transhumance.
« *Les Chaumes, où marcaires lorrains et marcaires alsaciens menaient paître leurs troupeaux, appartenaient en indivision au Duc de Lorraine et à l'abbaye de Remiremont.* » (P. Walter).
2) Agriculteur de la Montagne vosgienne.
« *Propriétaires de leur répandise et de leur troupeau ces marcaires étaient un peu comme une armée d'abeilles dans les cellules d'un rucher transformant l'herbe des prés en un fromage savoureux.* » (F. Martaine).
3) Vacher.
Variante : MARCÂRE.

MARCAIR(E)RIE n.f. Étable à vaches sur les Hautes-Chaumes.
« *Les marcairries boulent aujourd'hui, quand elles ne sont pas rachetées comme résidences secondaires par les Allemands !* »

MARCHAUX Voir CATHERINETTE.

MARGASSE, MARGATTE Voir BROCOTTE.

MARGOULETTE (SE METTRE LA - AU CLOU) loc.v. Trouver le pot vide, n'avoir rien à manger.
 « *C'est égal, si j'avais compté sur la friture, espèce de pêcheur de quat'sous, on aurait pu se mettre la margoulette au clou.* » (G. Chepfer, « Une bonne journée de campagne »).
 Même sens : TROUVER LA RELAVATTE AU POT.

MARGUERITE Voir CATHERINETTE.

MARIER v.t. Épouser quelqu'un, se marier...
 « *Mais faut que je vous raconte le tour qu'est arrivé à la Nonôre des Grandjean. Elle avait marié une homme beaucoup plus vieux qu'elle... pasque, vous savez bien, elle n'était pas belle, la paufe Nonôre (...)* » (F. Rousselot).

MARMOUSER (SE)
 Voir (SE) BARBONZER.

MARNER v.i. Bavarder, parler. [Montmédy, Argonne, Barrois].
 « *Elles ont marné tout l'après-midi, il n'y a que la langue qui fatigue chez elles !* ».
 Même sens : HÂBLER.

MARNAGE n.m. Discussion, bavardage (qui fait perdre son temps).

MARNEUR (-EUSE) n.m./f. Bavard, bavarde.

MARS (FAIRE LE -) loc.v. Faire les semailles de printemps.
 « *C'est trop frais, faut attendre que ça ressuie avant de faire le mars.* »
 Même sens : FAIRE LE CARÊME.

MATON n.m. Lait caillé.
 « *Il ne faut surtout pas casser le maton quand on le met dans les trottes : le fromage serait raté.* »
 Variante : MOTON.

MÉCANIQUE n.f.
 1) En général, tout ce qui (ou qu'on) tourne.
 2) Système de freinage d'un chariot.
 « *Serre un peu la mécanique, on est trop chargés.* »
 3) Batteuse à grain.
 « *Quand on travaille à la mécanique, faudrait presque un masque à gaz tellement il y a de poussière, surtout quand on bat l'orge.* »

MÊLER v.i. Changer de couleur. [Se dit des fruits et surtout de la vigne.]
 « *À la Grande Notre-Dame
 Les raisins mêlent.* » *(Au fil des mois).*

MELEUGNE n.f. Monticule exhaussé par des animaux : taupinière, fourmilière.

« *Les fouillants font des meleugnes, il va pleuvoir.* » (Pronostic).

Même sens : MOLÉNE.

MENER AU FUMIER Voir CONDUIRE AU FUMIER.

MÈRE n.f. Animal femelle.

« *Il y a trois mères lapin qui ont fait des jeunes aujourd'hui, il faudra me surveiller les nichées.* »

Antonyme : PÈRE.

MÈRE L'HIVER (LA -) loc.nom.f.

1) Vent du nord (en hiver).
2) (d'où) Personnage mythique destiné à faire peur aux enfants.

« *La mère l'hiver. C'est le vent du nord qui souffle sous les portes, dans les granges, avec un bruit sinistre.*

C'était aussi pour endormir les enfants quand ils étaient couchés et qu'ils parlaient. On leur disait : « Taisez-vous, sinon la mère l'hiver va venir... » » (R. Wadier).

MESSE n.f. Tas de foin, de gerbes, au grenier.

« *Allez chaûcher la messe, les gamins, vous aurez de la limonade quand vous aurez fini.* »

MEUROTTE n.f. Vinaigrette (pour une salade).

« *Va me chercher des appétits pour mettre dans ma meurotte.* »

CHAUDE MEÛROTTE : Vinaigrette dans laquelle l'huile est remplacée par des dés de lard que l'on a fait revenir dans la poêle. On verse la graisse bouillante et les lardons sur la salade [de pissenlit, le plus souvent].

MIAULER Voir BOUÂLER.

MIGAINE n.f. Appareil culinaire versé sur la pâte de la « quiche », composé d'œufs battus et de crème fraîche.

« *Il ne reste plus de quiche au lard, mère Gogotte ? Ni de tourte non plus ? Oh ! quel dommage ! la migaine qui était dessus fondait dans la bouche comme du blanc fromage qu'on aurait fait réchauffer.* » (G. Chepfer, « La première communion du gamin »).

2) Pâte collante et trop liquide.

« *Un homme sortit alors du moulin avec un sac sur le dos, suivi par le meunier qui lui disait :*

– Tes grains sont trop humides ! Laisse ton sac ici. Je les ferai sécher au soleil avant de les moudre. Sinon ils ne donneront que de la farine molle, une espèce de migaine qui va empâter mes meules. » (F. Martaine).

MINETTE n.f. Minerai de fer lorrain.

« *Nous avons ainsi obtenu des engagements d'investissement pour* la sidérurgie et les houillères de Lorraine, et le soutien de l'activité des mines de fer en attendant la mise au point espérée d'un procédé rentable d'enrichissement du minerai redonnant ses chances à la minette lorraine. » (F. Guillaume).

MINON 1) Voir PAMPILLE.
2) Poussière accumulée sous les meubles.

MINOUSSE Voir PAMPILLE.

MINUTE Voir PASSETTE 1).

MIRABELLE n.f.
1) Fruit, sorte de prune, réputée pour ne pousser qu'en Lorraine (ou du moins n'avoir quelque goût qu'à cette condition).
« Et les brioches, les savarins au rhum, les tartes aux quoiches, aux mirabelles. Et la croquante, donc ! Une pièce montée, je ne vous dis que ça (...) » (G. Chepfer, « La première communion du gamin »).
2) Alcool tiré de la distillation de ce fruit.
« T'oublies le vieux cabaret à liqueur qui ne leur servait pus et qu'y z'ont eu soin de nous apporter pour boire not' mirabelle à tire-larigot. » (G. Chepfer, « La guerre des nerfs »).

MIRO n.m. Ouverture pratiquée dans le mur de séparation de la cuisine et du poêle.
« Le moyen le plus primitif de chauffage du « poêle » consistait à utiliser la chaleur de l'âtre se trouvant dans la cuisine voisine. Le mur commun à ces deux pièces était percé d'une ouverture, « lo miro », contre laquelle était fixée une plaque de fonte qui laissait rayonner, bien peu, la chaleur. » (S. Rattaire).

MISSE 1 n.f. Rate [de l'homme comme des animaux].
« Vous avez la rate atteinte... ou plutôt vous croyez avoir la rate atteinte...
– La rataquoi, qu'elle fait comme ça...
– La rate atteinte...
– Mais neune, Mossieu, j'ai mal à la misse...
– C'est la même chose... La rate, c'est la misse, la misse c'est la rate. » (F. Rousselot).

MÎSSE 2 Voir CHESSURE.

MOITIÉ (DE -) loc.adv. Partagé à moitié. [Se dit d'une récolte : celui qui fait le travail a droit à la moitié, le propriétaire à l'autre moitié.]

Donnerais grosse quantité de bois de chauffage de moitié ou à façon, belle place à Entre-Deux-Eaux. Tél. 29.50...

Les Annonces des Hautes-Vosges, 12-2-1989

MOLÉNE Voir MELEUGNE.

MON interj. Mon Dieu ! [Lorraine du Centre et du Sud].
« Mon ! Quel sale temps ! »

MONDER LES VACHES loc.v. Nettoyer, râcler et sortir le fumier de l'étable. [Depuis Argonne-Seille].
  « *Le Pierrot monde les vaches, la Jeanne les tire, et moi je les arrange.* »
  Même sens : DANSE (FAIRE LA -), HANDLER, VIDER LES VACHES.

MONTÉE D'ESCALIERS loc. nom.f. Escalier. [Partout].
  « *La montée d'escaliers est raide, fais attention en descendant de ne pas te casser la figure.* »

MORZIF adj. Ivre mort. [Partout].
  « *Il avait bien cheûlé l'autre soir, il était morzif.* »
  Même sens : ZAÛNÉ 2).

MOUCHE À MIEL loc.nom.f. Abeille. [Lorraine du Nord et centrale].
  « *Sacrées peutes bêtes !* répétait-il d'un ton rageur.
  Les hautes branches de sapins se transmettaient un murmure interrogateur. Que pouvait avoir ce paisible marcaire qui passait sa vie entre son champ de seigle et la chaume du Corsaire ? Quelle mouche à miel pouvait l'avoir piqué ? » (F. Martaine).
  Variantes : MOUCHE, MOUCHETTE.

MOUCHOT n.m. Moineau. [Gaume, Pays-messin, Haye, Seille, Vermois, Saintois].

Surtout dans l'expression : POT A MOUCHOTS : poterie scellée sur un mur dans laquelle les moineaux viennent nicher. [On peut ainsi récupérer les petits moineaux afin de les consommer.]

MOUILLETTE
Voir CABOSSÉ.

MOUSINER Voir BROUSSINER.

MOUTON n.m.
  1) Mouton, brebis.
  « *Mais la Vierge lui dit,*
  C'est viande trop friande,
  Le seul lait des moutons don don,
  Des bergers qui sont là là là,
  Est tout ce qu'il demande. » (M. Laissy).
  2) Bloc erratique, généralement constitué par du granit.
  « *D'abord, ce qui frappe le visiteur : les blocs erratiques ou « moutons de Gérardmer » sont évoqués par la « Pierre Charlemagne », la Roche Toussaint », la « Roche du Rain » (...)* » (M. Georgel).
  Même sens : TÊTE DE CHAT.

MUSIQUE À BOUCHE loc.nom.f. Mirliton.
  « *Mais celui-ci riait et les invitait à entrer voir sa corneille qui, bien entendu, ne parlait toujours pas. Puis il leur faisait des fiuto (petite flûte en roseau), il leur apprenait des chansons et les accompagnait avec sa musique à bouche.* » (G. Goulon).

N

NÂCHIRON n.m.
1) Trognon de la pomme. [Plaine-sous-vosgienne, Vôge, Montagne].
« *Ne jette pas ton nâchiron par terre, voyons !* »
2) Enfant qui ne pousse pas.
« *Je ne sais pas si elle pourra élever les nâchirons-là.* »
Variante : NÂCHON.

NÂPIER v.t. Mâchouiller, grignoter...
« *Te ne peux pu nâpier que de la panâte, du blanc fromâche et de la soupe mitonnée... ce n'est pas des nourritures...* » (F. Rousselot).

NÂPIÂT (-ATTE) n./adj. Individu (enfant le plus souvent) qui rechigne sur la nourriture, qui n'a pas d'appétit.

NÂREUX adj. Délicat, exigeant sur la propreté, celle de la nourriture notamment.
« *Les plus néreux sont souvent les plus sales.* » (proverbe).
Variante : NÉREUX.

NEIGE (FAIRE LA -) Voir ORAGE (FAIRE L'-).

NICE n.m./adj.
1) Enfant (ou adulte mais rarement) qui casse tout, turbulent, remuant... [Lorraine centrale et du Sud].
2) adj. Embêtant, désagréable, grincheux, grognon.
« *... Comment ? qu'est-ce que vous dites. C'est trop court... Oh ! que les femmes sont nices.* » (G. Chepfer, « Le Mimile sera coiffeur »).
3) adj. Maladroit.
« *Mon ! que t'es donc nice. Laisse-moi faire, je vais te montrer.* »

NICE-COCO n.m. Sale gosse, enfant turbulent...
« *Quel nice-coco, not' Paul, il a pourtant fallu qu'il me dévore tous ses habits en un rien de temps.* »

NICHE adj.
1) Boueux. [Montmédy, Gaume, Pays-haut].

« Le champ-là est niche, faudrait pourtant le piocher. »
Même sens : FRAIS, WÈTTE.
2) Sale, crotté.
« On ne peut pas les tenir propres, les gamins-là, je les ai à peine changés qu'ils sont déjà tout niches. »
Même sens : WÈTTE.

NOMMER v.t. Élire.
« Nous ne sommes pas tombés du tout, vieux chat-huant, c'était pour rendre service aux petzouilles comme vous que l'Alphonse voulait être député. Tant pis pour les ceusses qui ne l'ont pas nommé. » (G. Chepfer, « L'Alphonse député ? Et pourquoi pas ? »).

NONANTE adj. Quatre-vingt-dix.

« Les « nonante-quatre printemps » de Madame Louise G... une bien belle histoire de famille. »

Les Annonces des Hautes-Vosges, 6-7-1986

NONON n.m. Oncle. [Presque toujours suivi du prénom. Langage enfantin, mais qui peut être utilisé, selon les circonstances, par les adultes.] [Partout].
« Quand je serai grand, je bricolerai comme nonon Marcel. »

NOTER v.t.
1) Sentir (aux sens actif et passif).
« Il note fort. » (il sent très mauvais).

2) Flairer. Voir CHMAQUER.

NOTRE adj.pos. Notre.
[S'emploie essentiellement pour indiquer l'appartenance à la famille, la propriété de la famille.]
« C'est la première communion du p'tit de not' Ernest de dimanche en huit. Oui, ma chère, y fait déjà ses communions, comme ça nous pousse, les enfants-là, ça n' nous rajeunit pas, nemme donc. Oh ! mais non !.. » (G. Chepfer, « Chez la modiste »).
Voir LEUR, VOTRE.
Variante : NOT'.

NOUNOUSSE Voir PAMPILLE.

NOUS DEUX loc.pron. Tous les deux.
« Nous deux ma femme, on s'est mariés à la sortie de la guerre. »

NUIT (À LA -) loc.adv. Ce soir.

NUIT (À LA BRUNE DE LA -) loc.adv.
1) Au crépuscule.
2) En pleine nuit noire.

NUIT (NOIRE-) loc.adv. Nuit noire.
« Quand il venu, il faisait noire nuit. »

108

O

ÔDEUR n.f. Parfum, arôme, senteur.

« ... *Non je n'ai besoin de rien d'autre que ma natte, que je vous dis. Il n'entre jamais d'odeur chez nous, non. On se lave tous au Savon de Marseille, on se récure bien à fond, et après on sent bon le propre que c'est un plaisir.* » (G. Chepfer, « Faut-y les couper ?.. Faut-y ?).

ŒUF n.m. Œuf. [Maintien de la prononciation de la consonne finale, même au pluriel. Voir BŒUF].

« *Une paire d'œufs.* »

ŒUF CUIT DUR loc.nom.m. Œuf dur.

ŒUFS (RESTER SUR SES -) loc.v. Rester célibataire. [Ne semble s'employer que pour une femme.]

« *Ah ! ben, si vous croyez que je vas me marier pour tirer le diable par la queue, vous vous mettez le doigt dans l'œil jusqu'au coude, mon fi. J'aimerais mieux rester sur mes œufs jusqu'à la fin de mes jours, ben sûr.* » (G. Chepfer, « Faut se faire une raison, Brigitte »).

OIGNONS (ALLER COMME DES -) loc.v. Se passer du mieux possible, aller très bien, aller comme sur des roulettes. [Se dit notamment quand « on va à la charrue » et que le travail se fait facilement.] [Argonne].

« *Ça laboure bien ?*
– Oh ! ça va comme des oignons. »

OISEAU DES POULES Voir BÊTE.

OLIVETTES (FAIRE SES -) loc.v. S'occuper, s'adonner à de petites besognes, à ses affaires.

« *Et qu'est-ce qui nous restera à nous ? Pensez-vous que j'vas vous laisser faire toutes vos olivettes dans ma belle chambre (...)* » (G. Chepfer, « La bonne hôtesse... »).

ORAGE (FAIRE L'-) loc.v.
1) Être turbulent. [Se dit des enfants.]

« *En voilà encore un qui fait l'orage, il ne se tiendra tranquille que quand il aura reçu une bonne rouste.* »

Même sens : FAIRE LA NEIGE, - LE TEMPS.

2) Prendre la mouche. [Se dit des animaux au pâturage qui se mettent à courir dans tous les sens.]

OUARÉ n.m./excl. (lit. verrat, taureau.) [Pas toujours péjoratif.] Gaillard.

« *C'est que je n'ai pas de temps à perdre. Tous mes gens vont arriver pour la fête et y ne faut pas leur en promettre aux ouarés-là, c'est des vrais cheulards !* » (G. Chepfer, « Dans la cuisine faut c' qu'y faut »).

OUVRAGE n.f. Travail, activité professionnelle.

« *Oui, eh ben ! comme remerciements, vous ne lui avez fait que des misères. Toutes les sales ouvrages de l'épicerie, c'est à lui qu'on les donnait (...)* » (G. Chepfer, « Le frère de lait »).

OUVRIER n.m./adj. Personne qui travaille beaucoup et avec compétence.

« *Pour une brioche, le sagârd a renvoyé le Didier Constant, un rude ouvrier pourtant.* »

OUVRIER D'USINE loc.nom.m. Ouvrier.

Etat civil de la semaine

Naissances : Cédric, de Marcel M..., ouvrier d'usine, et de Sylvie L..., piqueuse à P..., HLM...

Les Annonces des Hautes-Vosges, 15-11-1987

OYE, OYE, OYE excl. Oh ! la, la, mon Dieu !

« *Heureusement qu'on a chacun son siège, nemme donc, maréchal ? parce que, avec un cent kilos comme le monsieur qui est en face de vous, sur une banquette, y ne resterait pas beaucoup de place pour les autres, oye ! oye ! oye !* » (G. Chepfer, « Dans l'autobus en Lorraine »).

P

PAF Voir TOC 4).

PAIRE (UNE - DE) loc.pron. indéf. Quelques, plusieurs. [Cela peut aller de deux – rarement – jusqu'à 15-20 et même au-delà.]

« *Comment que vous appelez le saucisson-là ?*
– *C'est du Lyon, madame, il est très sec.*
– *Mettez moi z'en alors une paire de tranches, fines.*
– *Combien ?*
– *Oh, une vingtaine : on sera beaucoup.* »
[La vendeuse coupe, pèse et présente la marchandise.
La cliente :]
« *Combien qu'il y en a ?*
– *Vingt-cinq...*
– *C'est bien, on les mangera bien !* »
(Entendu sur le marché de Nancy, le 30-12-1989).

PÂMER v.i. Flétrir, faner...
« *Avec la sécheresse-là, les salades pâment, faudra les arroser ce soir.* »

PAMPILLE n.f.
1) Chaton (du noisetier, saule...). [Haye, Vallées vosgiennes d'Alsace].
« *C'est bientôt le printemps. Les saules sont remplis de pampilles.* »
Même sens : MINON, MINOUSSE, NOUNOUSSE.
2) Décoration faite de branchages.
« *C'était beau les reposoirs de la Fête-Dieu : il y avait des pampilles partout.* »
Même sens : MAIS 2).
3) Rameaux (de la fête du même nom).

PÂNER Voir RAMONER.

PÂNEÛRE Voir RAMON.

PANNÉ n.m. Pan de chemise. [Partout].
« *Ouais ! pourvu qu'on n'ait pas un accident dans la rue, je serais toute honteuse si on voyait tes doigts de pieds qui passent à travers tes chaussettes et le pané de ta chemise qui n'est plus*

qu'une frandouille. » (G. Chepfer, « Le Jour de l'An »).
ALLER À CUL PANNÉ : aller en pan de chemise.

PANNÉ VOLANT loc.adv. En pan de chemise.
« *Qu'est-ce que je disais ! refourrez-vous vite au lit qu'on ne vous voie pas pané volant, je m'en vas ouvrir.* » (G. Chepfer, « Le Jour de l'An »).

PANSÂ Voir GALAFE.

PÂPICHE n.m. Grand-père, d'où : tout homme d'un certain âge.
« *Penses-tu que j'vas gober la pilule-là, une marraine pour un peut museau comme toi. Te n' t'as donc pas r'gardé, vieux pâpiche, t'as l'air d'un Mathusalem.* » (G. Chepfer, « La marraine du poilu de Saizerais »).

PAPINETTE n.f. Écumoire. [Montmédy, Argonne].
« *Prends la papinette : je veux des légumes, pas du bouillon !* »

PARGE Voir USOIR.

PARLER v.t./pron.
1) v.t. Faire la cour, fréquenter.
« *On dirait que vous venez au monde aujourd'hui, toute veuve que vous êtes, madame Baracot. Si not César parle à votre Alexandrine, c'est qu'une belle fille attire toujours un beau garçon, le Paradis terrestre a commencé comme ça.* » (G. Chepfer, « Je lâche mon coq, rentrez vos poules »).
2) v.pron. Se fréquenter, se courtiser.
« *Le Claude et la Brigitte se parlent. Tu crois que c'est pour le bon motif ?* »

PARLER SUR QUELQU'UN loc.v. Critiquer quelqu'un, médire de quelqu'un.
« *T'as-ti pensé seulement à prendre les graines que je t'avais dit ? Non, tête de linotte, va ! Te peux bien parler sur moi. C'est permis à mon âge de ne pus avoir de mémoire, mais toi !* » (G. Chepfer, « En chemin de fer »).

PART (À NULLE -) loc.adv. Nulle part.
« *Y en avait à nulle part.* »

PARTIR À LA FILLE loc.v. Aller faire sa cour.
« *Le dimanche d'après, il met ses beaux souliers, sa belle blouse grise à boucle (à « blouque » comme il disait), le pantalon de velours et les souliers à clous, et le voilà parti « à la fille » à Chambroncourt.* » (R. Wadier).

PARTIR AU TRAIN loc.v. Prendre le train.
« *Comment que ça se fait que t'es parti au train, ta voiture est en panne ?* »

PARTOUT (À TOUT -) loc.adv. Partout.
« *Des Polonais ? L'année dernière, il y en avait à tout partout.* »

PASSETTE n.f.
1) Filtre à café.
Même sens : MINUTE, PATTE 1).
2) Passoire.
« *Où as-tu rangé la passotte ?* »
3) Tête en l'air, étourdi.
« *Une vraie passotte le gamin-là, il faut toujours lui répéter les choses 36 fois.* »
Variante : PASSOTTE.

PATIA Voir BROCOTTE 2).

PATTE 1 Voir PASSETTE 1).

PATTE 2 n.f. [Partout].
1) Guenille, vêtement en mauvais état.
Voir FRAPOUILLE.
2) Chiffon, torchon.
« *Son beau habit était tout artisonné, j'en ai fait des pattes.* »
3) Serpillière.

PAÛME n.f. Épi de céréale. [Moitié nord de la Lorraine].
« *Le blé a de belles paûmes, il fera bien du cinquante* [quintaux à l'hectare]. »

PAVÉ n.m.
1) Pavé.
2) Dalle (parfois grosse) couvrant le sol d'un couloir, d'une cuisine… [Partout].
« *Les pavés de notre allée font la pluie.* » (Les dalles du couloir sont humides, il va pleuvoir.) *(Au fil du temps).*

PAVINE Voir COUCHES.

PAVOT n.m. Coquelicot. [Partout].
« *Qu'ils étaient jolis les champs de pavots de ma jeunesse ! Longues écharpes mauves ourlées d'un large liseré de pavots blancs. Chacun avait son champ à la campagne.* » (J.-M. Cuny).

PEC n.m.
1) Trace de coup sur une assiette, un bol, un évier en terre cuite…
2) « Bosse » sur la carrosserie d'un véhicule.
« *Sa voiture est invendable, elle est pleine de pecs.* »

PEIGNE DE LOUP Voir PERMÈTÉ.

PÈLÈRIN n.m. Pèlerin.
« *On ne croit plus en rien, aujourd'hui, d'ailleurs on ne voit plus de pèlèrin.* »

PÈLÈRINAGE n.m. Pèlerinage.

PÈLÈRINE n.f. Pèlerine.

PEMETTE n.f. Jaune d'œuf. [Nord et est de la Lorraine].
« *Tu n'as jamais vu un œuf avec deux pemettes ?* »

PÈRE n.m. Animal mâle.
« *Il tape de la patte comme un père lapin.* »

PERMÈTÉ n.m. Capitule de la bardane. [Massif montagneux].

« *Quand on était gosses on lançait des permètés aux filles. Ça nous faisait rigoler parce qu'elles ne pouvaient pas les enlever et elles pleuraient.* »

Même sens : BOUTON DE GUÊTRE, - DE SOLDAT, CHIEN 1), ÉPAULETTE, GLETON, GLOUTON, GRATTON, PEIGNE DE LOUP, RENARD, TEIGNON.

PERPIGNAN n.m.
1) Manche du fouet.
« *Il a pourtant réussi à me casser le perpignan de ma courgie, le brisaque-là.* »
2) Fouet lui-même.

PERRON (ALLER AU -) Voir COUARAIL.

PERSUADER QUELQU'UN À v.t. Persuader quelqu'un.
« *Il l'a persuadé à cette bêtise.* »

PERTAQUE n.m. [Lorraine du Sud]
1) Fromage raté mis à fermenter dans un pot de grès ou un tonneau.
« *Une tranche de pain avec du pertaque dessus, un verre de goutte, faut avoir l'estomac bien accroché !* »
Même sens : PTEÛ.
2) Mets trop consistant et donc bourratif.
« *Je boirais bien un coup, quel peurtoque que cette purée !* »

PÉTILLON Voir FIÂMOCHE.

PETIT DE - Voir JEUNE DE -.

PÉTRON Voir FIÂMOCHE.
Variante PÉTON

PEÛCHOTTE n.f. Cuillère, louche.
« *Pendant ce temps le lait avait caillé et Paulus se mit à tailler méthodiquement la masse gélatineuse avec le tranchant d'une peuchotte en bois, d'abord en grandes bandes, puis en petits cubes.* » (F. Martaine).

PEUR (AVOIR - QUELQU'UN) loc.v.t.d. Craindre, redouter quelqu'un, quelque chose.
« *Il a peur son père.* »

PEUT n.m./adj. (fém. PEUTE) Laid, vilain, sale (aux sens propre et figuré). [Partout].
« *Il y a, au pied du Ballon d'Alsace, un village qu'on appelle Floxheim-les-Belles, mais il n'a pas toujours mérité ce nom-là. On raconte qu'autrefois les filles étaient si peutes et si rabougries qu'il a fallu que saint Gengoult fit un miracle pour qu'elles deviennent plaisantes et avenantes comme elles le sont aujourd'hui.* » (G. Chepfer, « Le cousin d'Alsace raconte ses histoires »).

PEUT'HOMME n.m. Personnage mythique destiné à faire peur aux enfants.
« *Pour nous rendre plus sages, on nous disait encore : « Attention ! Le Peut'Homme viendra te chercher ».* » (R. Wadier).

PIDÔLE Voir BIGÔNE.

PIDÔLER v.t./i. Tourner sur place comme une toupie.

PIÈCE n.f.
1) Part de gâteau, tarte...
« *Vous prendrez bien encore une pièce de la chalande aux mirabelles, nemme donc.* »
2) Morceau d'étoffe [pas nécessairement pour réparer un vêtement usé ou déchiré].
« *Qui a plus de cent pièces
Et n'a point de recousesse ?* »
[= couture]
- *Un toit* (R. Wadier).

PIED (CHEVILLE DE -)
loc.nom.f. Cheville.
« *J'ai mal la cheville de pied, les deux !* »

PIERRE 1 n.f. Noyau. [Pays messin, Saintois, Massif montagneux].
« *En mangeant des cerises, je m'ai cassé un gros dent sur une pierre.* »

PIERRE 2 n.f.
Seuil de la maison.
« *Essuie tes pieds sur la pierre.* »

PIERRE À EAU loc.nom.f. Évier.
« *La jeune fille avait vivement débarrassé les bols, essuyé la poêle et rangé la vaisselle sur la pierre à eau où elle attendrait, sous la pompe, celle du lendemain.* » (A.-M. Blanc).

Variantes : PIERRE, PIERRE À ÉVIER, PIERRE D'EAU.

PIERRE-BORNE n.f. Borne [servant à délimiter deux propriétés]. [Massif montagneux].
« *Ils avaient à peine acheté le terrain qu'ils commençaient déjà à déplacer les pierres-bornes. Le maire a mis le holà.* »

PIERRE DE FER loc.nom.f. Minerai de fer, « minette ».
« *Plus hommes de terre et de forêts que ramasseurs et fondeurs de pierre de fer, même lorsqu' elles affleuraient, de Charency à Villerupt, ils avaient vu, au début du siècle, sans s'émouvoir, la houille de Moselle arracher les fonderies au charbon de bois et aux ruisseaux de la Meuse.* »
(A.-M. Blanc).

PIERRE MORTE loc.nom.f. Torchis. [Argonne].

PIERRE DE SABLE loc.nom.f. Grès vosgien, utilisé pour la construction. [Vosges gréseuses].

PIERRE DE TAILLE loc.nom.f. Grès vosgien.

PIEUVAIN n.m.
1) Crachin, bruine.
« *Le pieuvain de la Saint-Jean, s'il ne vient pas huit jours avant, il vient huit jours après, et souvent les deux.* » (*Au fil des mois*).

2) [par antiphrase] Grosse averse.

PILLER v.t. Écosser (les petits pois, les haricots secs, etc.).

« *Et du lapin en gibelote, qui était à se mettre à genoux devant, et des haricots pillés, de quoi faire de la musique pour tout un régiment.* » (G. Chepfer, « La première communion du gamin »).

PINASSE n.f. Pin (arbre et bois tiré de cet arbre).

Avec sa petite mobylette blanche, la canne anglaise en travers du guidon, rien sur la tête quel que soit le temps, malgré son handicap, une « patte de pinasse » qu'il s'efforce d'oublier, il n'a pas vu arriver les septante ans.

Les Annonces des Hautes-Vosges, 1-1-1989

GRASSE PINASSE : pin atteint d'une maladie qui concentre la sève dans le liber. [Sert souvent d'allume-feu.]

« *J'ai détourné un bon morceau de grasse pinasse, de quoi allumer mon feu tous les matins pendant un bon bout de temps.* »

PINCE-CUL n.m. Forficule, perce-oreille. [Plaine-sous-vosgienne, Massif montagneux].

« *Les pêches de vigne, c'est plein de pince-culs* ».

PINCHER 1 v.i. Crier, chanter d'une voix très aiguë, nasillarde, stridente, qui vrille les oreilles...

« *Taratata ! c'était un beau brin de femme et elle vociférait comme un rossignol.*

– *Ben ! t'est pas difficile. Moi j'appelle ça pincher. Et qu'elle en faisait des grimaces, on aurait dit qu'on lui arrachait une dent.* » (G. Chepfer, « Les lauriers sont coupés »).

PINCHARDE adj.f. (masc. à peu près défectif). Nasillarde, aiguë, criarde, désagréable. [Ne se dit que du timbre d'une voix].

« *La chorale de monsieur le curé, faut entendre les voix pinchardes ! Mon ! un vrai supplice.* »

PINCHER 2 Voir CHOPOTER.

PINÇONS (AVOIR LES -) Voir ÉPINÇONS (AVOIR LES -).

PINDION n.m.
1) Aiguille de sapin. [Plaine-sous-vosgienne, Massif montagneux].
2) Tout débris piquant et de forme allongée.
Variante : PINGUION.

PINÉGUETTE n.f. Jeune fille (voire pré-adolescente) quelque peu volage et/ou au caractère ombrageux, capricieux.

« *Vous n'avez pas fini d'en voir avec votre Brigitte : une vraie pinéguette, l'effrontée-là !* »

PISTELER v.t.
1) Tasser, en les piétinant, le foin, la paille...
Même sens CHAÛCHER.
2) Fouler, écraser l'herbe qui n'est pas encore fauchée. [Plaine-

sous-vosgienne, Massif montagneux].

« *Après la Saint-Georges, il est interdit d'aller pitoler l'herbe dans les prés.* »

Même sens : TRAQUER, TRIPELER.

3) Ne pas tenir en place (avant de mettre bas), danser sur place.

Voir BORILLER.
Variante : PITOLER.

PLACE (À POINT DE -) loc.adv. Nulle part.

« *Vous n'en trouverez à point de place.* »

PLACER (SE -) v.pron. Se marier, épouser quelqu'un.

« *Jean-Baptiste, faudrait te placer.* » (titre d'une chanson).

PLANTER v.i.

1) Embourber, s'embourber.

« *Il fallait alors rouler les blocs les plus gros à travers les sapins, ou les faire avancer par culbutes successives sur un lit de branchages pour qu'ils ne plantent pas dans le sol.* » (L. Regazzoni).

2) Semer.

« *J'ai planté mes haricots, comme tous les ans, à la Saint-Claude : ils rattraperont les autres !* »

PLATEAU n.m. Chariot (à 4 roues), généralement sans ridelles, mais avec échelettes à l'avant et à l'arrière...

A VENDRE : Cause cessation, Pirouette Kuhn 4 toupies, tonneau à lisier 1000 l, 2 plateaux à foin 4 roues, 1 boule à lait sur remorque 220 l avec refroidisseur. Tél. 29.57...

Les Annonces des Hautes-Vosges, 2-4-1989

PLATINE n.f. Plaque d'une cuisinière.

PLUIE (FAIRE LA -) loc.v. Annoncer la pluie, donner des signes présageant l'arrivée de la pluie.

« *Les chats font la pluie quand ils passent la patte derrière l'oreille.* » (Au fil du temps).

PLUMON n.m. Édredon et/ou sorte de couette qui ne déborde pas sur les côtés. [Partout].

« *Vous verrez quand vous viendrez chez nous, on enfonce dans le plumon comme dans du beurre.* » (G. Chepfer, « Cousins de Pentecôte »).

Même sens : DUVET.

PÔCHON n.m. Paquet de neige, de boue qui colle aux chaussures, aux sabots... [Plaine-sous-vosgienne, Massif montagneux].

« *Toque tes sabots, tu vas pas rentrer dans la cuisine avec de pareils pôchons.* »

Variante : PÂCHA.
Même sens : BOTTE 1.

PÔCHONNER v.i. Adhérer aux souliers. [En parlant de la neige, de la boue.]

« *C'est de la grasse neige aujourd'hui, ça pôchonne.* »

POÊLE n.m.
1) Belle chambre, salle de réception, chambre à donner, généralement « chambre de devant » chauffée par la taque. [Partout].
« *Mélanie et Léonie dressaient le couvert dans le poële, la belle chambre de devant. Toutes sérieuses, elles discutaient.* » (A.-M. Blanc).
Même sens : CHAMBRE (BELLE -), CHAMBRE DE (DU) DEVANT.
2) Réunion pendant laquelle on travaille et, surtout, l'on parle.
« *Gageons que cette chansonnette, qui se psalmodie plus qu'elle ne se chante, a dû faire rire – ou pour le moins sourire – plus d'un veilleur au cours des écraignes, ouvroirs ou pols d'autrefois.* » (R. Wadier).
Même sens : COUARAIL 3).
Variante : Pol, pal pel, etc.

POINT (À - D'ENDROIT, À - DE PLACE...) loc.adv. Nulle part. [Partout].
« *Il y en a à point d'endroit.* »

POINT (À - D'HEURE) loc.adv. Très tard.
« *Tu as une réunion, d'accord, mais pour une fois, ne traîne pas au bistrot, comme ça tu ne rentreras pas à point d'heure comme d'habitude.* »

POLI Voir JOCU.

POLONAIS n.m. Cèpe de Bordeaux *(Boletus edulis)*.

« *J'ai été aux champignons, il y a une de ces pousses de polonais, je ne te dis que ça. Tu peux racheter des verrines on va en faire des conserves.* »

POREAU n.m. Poireau. [Partout].
« *La Saint-Martin passée, les fermages réglés, chaque maison se préparait à battre ses récoltes et à tuer le cochon. À part quelques poreaux et quelques choux emperlés de gelée blanche, tout était rentré.* » (A.-M. Blanc).

PORTE (SE METTRE SUR LA -) loc.v.pron. Sortir sur le pas de la porte.
« *Il n'y a pas que vot' progéniture, mais toutes les bacelles du pays qui se mettent sur la porte, pour voir si ce n'est pas pour elles qu'il bat le rappel comme un tambour-major.* » (G. Chepfer, « Je lâche mon coq, rentrez vos poules »).

PORTE-RUE n.m. Porte cochère des fermes argonnaises (et champenoises) même si elle se trouve à l'intérieur de la cour de la ferme. [Argonne].
« *Les portes-rues ne sont plus guère adaptés aux engins modernes. Ils sont bien trop étroits.* »

PORTION (FAIRE SA -) loc.v. Couper soi-même ses affouages.
« *C'était à Maxey du temps de ma grand-mère, c'est vieux. Il y avait un bûcheron qui allait faire sa portion dans les bois au-dessus du village.* » (R. Wadier).

On dit plus souvent au pluriel : Portions (de bois).

POT DE CAMP loc.nom.
1) Récipient en fer blanc (autrefois), en aluminium (aujourd'hui) à usages divers, par exemple : pot à lait, pot pour la cueillette des baies sauvages, « gamelle » des ouvriers de chantier...
2) Son contenu.
« *Les hommes montaient alors, le jour à peine levé, avec d'un côté, dans une musette, le quignon de pain au lard, le pot de camp de soupe et l'éternel litre de rouge.* » (L. Regazzoni).
Même sens : BEUGUENOTTE.

POTE n.f.
1) Lèvre.
2) Moue.
« *Arrête de faire la pote, tu la mangeras quand même ta soupe.* »

POUILLOTTE n.f.
1) Poulette. [Partout].
2) Petite fille [terme affectueux, non vulgaire].
3) Nuque.
« *Mimile ! qu'est-ce qui te prend ? T'es pas fou de lui raser les tempes et la pouillatte comme ça au chérubin-là et de lui laisser une forêt vierge sur le dessus.* » (G. Chepfer, « Le Mimile sera coiffeur »).
Même sens : HAGNETTE.
4) Salade qui commence à pousser et que l'on doit éclaircir en la cueillant et en la consommant.

« *Et de la salade de toutes les paroisses : de la pommée, de la pouillotte. de la doucette on n'avait pas regardé à l'ail ni à l'échalotte, je les sens encore !* » (G. Chepfer, « La première communion du gamin »).
Même sens : VOLANTE.
Variante : POUILLATTE.

POURRISSE (-ITTE) adj.f.
Pourrie.
« *Une poire pourrisse.* »

POUSSAT n.m. Poussière. [Haye, Massif montagneux].
« *Quand on bat l'orge, la poussatte me donne des démangeaisons.* »
FAIRE LE POUSSAT loc.v. Épousseter.
« *On va faire le poussat.* »
Variantes : POUSSOTTE, POUSSATTE (n.f.).

PRÊTE (VACHE -) loc.nom.f. Vache proche de son terme.

> VENDS Vaches fraîche et prête, Distributeur d'engrais... Tél. 29.56...

Les Annonces des Hautes-Vosges, 31-12-1989

PRISE (ÊTRE -) loc.v. Être enceinte.
« *Elle est encore prise ? Mais c'est une vraie mère lapin !* »
Même sens : ARRÊTER 2).

PROTOCOLE Voir LÈCHON.

PTEÛ n.m. Voir PERTAQUE 1).

PUISER Voir CHOPOTER.

Q

QUART EN COIN (DE -) loc.adv.
1) En biais.
« *On a placé l'armoire de quart en coin, ça fait plus joli.* »
2) En zigzag.
« *Il marche encore de quart en coin, il n'a pas bu que de l'eau.* »

QUARTIER n.m. Bois de chauffage provenant de grosses branches qui ont dû être fendues (en deux, trois ou quatre). [Partout].
« *À Noël. On mettait dans le feu la plus grosse bûche qu'on trouvait dans l'tas. Ou bien c'était un gros quartier mis de côté au moment des affouages. On appelait ça « veiller la cuisse ».* (R. Wadier).
Même sens : CALOT, COLEUCHE, RAGOSSE.

QUARTIER (FAIRE -) loc.v. Tomber, (se) renverser.
« *La voiture de foin a fait quartier, elle était mal faite.* »

QUATRE-SOUS Voir ESTOMACS.

QUÈMSURE n.f. Charrette à 1 ou 2 essieux servant au débardage des troncs d'arbres.

Collectionneur de machines anciennes à traction animale recherche Manèges anciens servant à actionner les batteuses, charrues anciennes à versoir bois, anciennes faucheuses Wood, traineur servant au débardage des grumes (bouc), chaînes et coins pour kèmsure (débardage). Tél. 29.50...

Les Annonces des Hautes-Vosges, 15-10-1989

QUEÛCHON Voir CULOT.

QUEULOT Voir CULOT.

QUEUVIÂ Voir HARTÂRE 3).

QUICAMBOLE n.f. Culbute.
« *La noce, quoi ! Oh ! ce qu'on a rigolé. N'y a eu que le trombone qu'a eu un peu mal au cœur.*
— Ma fi ! il ne finissait pas de faire la quicambole et le haut poirier, par une chaleur pareille ;

pas le plus petit souffle d'air. »
(G. Chepfer, « Les lauriers sont coupés »).

QUICHE 1 n.f.
1) Tarte garnie d'une préparation particulière et servie généralement en hors d'œuvre.

« *Verser sur cette pâte la migaine ainsi composée : dans un grand saladier, battre ensemble des œufs frais [...] avec une bonne dose de crème fraîche, très peu de sel, du poivre, une petite pointe de muscade râpée. Versez dans cette préparation des petits dés de lard maigre fumé sautés au beurre. Mêlez le tout... La quiche doit être chevelotte, c'est-à-dire onctueuse (pour cela la crème doit largement dominer l'œuf) et mangée brûlante.* » (J.-M. Cuny).

Variante : QUICHE AU LARD.

2) Tarte (dessert). [Gondrecourt, Void, Haye].

« *Pour finir, elle nous a servi une quiche aux mirabelles.* »

QUICHE 2 Voir FIÂMOCHE 1).

QUIQUE n.f. Cime d'un arbre.

« *C'est toujours à la quique qu'il y a les plus beaux fruits.* »

Variantes : QUIQUELLE, QUIQUETTE.

QUITTER v.t.
1) Faire un rabais sur le prix annoncé.
2) Arrondir une somme au chiffre inférieur.

« *Tu parles d'une commerçante, elle ne m'a même pas quitté cinq centimes !* »

R

RABOUILLE Voir BOSSATTE.

RACAILLON n.m. Couvreur de toit, charpentier.
« *Il y a des gouttières au toit, le racaillon va le remanier la semaine prochaine.* »

RACAILLONNER v.t. Couvrir un toit, le réparer.
« *Demain on racaillonne le toit des écuries, tu peux venir nous donner un coup de main ?* ».

RACCOMMODER v.t. Réparer assez sommairement.
« *... Ah ben ! mes pauvres cousins, nous vous en laissons un bazar, un vrai capharnaüm. J'ai mieux aimé ne pas refaire notre lit, puisqu'il faut raccommoder le sommier.* » (G. Chepfer, « Cousins de Pentecôte »).

RACCUSE-POTOT n.m. Délateur, rapporteur (langage enfantin).
Non, je ne veux plus jouer avec le Maurice : c'est un vrai raccuse-potot, il raconte tout à ses gens. »

RACCUSER v.t. Dénoncer (langage enfantin).

RACHEVER v.t. Achever, finir, terminer.
« *Ah ! y s'agit bien de compliment à l'heure-ci. Rachevez vite vot' café au lait et en route mauvaise troupe.* » (G. Chepfer, « Le Jour de l'An »).

RACHICHI Voir CRÂPI.
Variante : RÈCHICHI.

RÂCLER v.t. Vider le fumier de l'étable, nettoyer l'étable.
« *T'as encore oublié de râcler l'allée, tu sera toujours aussi truand.* »

RAFFILER Voir RAIGUISER.

RAFFILOTTE Voir RAGUSOTTE.

RAFFOURÉE Voir BOTTE 2.

RAGOSSE Voir QUARTIER.

RAIGUISER v.t. Aiguiser un outil, un couteau... [Partout].
« *Faut raiguiser ton couteau, il ne coupe pas. On reconnaît le bon ouvrier à ses outils.* »
Même sens : RAFFILER.

RAGUSOTTE n.f. Pierre à aiguiser.
Même sens : RAFFILOTTE, RAMOLATTE 1).

RAIMER v.t. Aimer [Le préfixe « re- » n'indique pas nécessairement la répétition].
« *À la guerre comme à la guerre. Quand y ferait encore les yeux doux à madame Toriotte, je n' l'en raimerais pas moins, allez ! Faut bien se rendre service dans ces moments comme ça.* » (G. Chepfer, « À la guerre comme à la guerre »).

RAIN 1 n.m. Pente raide, en général rocailleuse et de dimensions médiocres. [Massif montagneux].
« *Je note, pour terminer l'étude des formes de relief, un appellatif utilisé très souvent dans le canton de Gérardmer : le Rain, ou Reing, ou Rang ; il représente une pente raide, en général rocailleuse et de dimensions médiocres ; je trouve 25 représentants de ce toponyme dans notre canton ; il y en a 122 dans l'arrondissement de Saint-Dié.* » (M. Georgel).

RAIN 2 n.m. L'une des deux (ou trois) travées d'une maison.
« *L'habitat très groupé a largement conservé ses toits de tuiles rouges (...) et son architecture typique : maisons jointives à trois travées des laboureurs (logement, grange, écurie) et celles, plus basse et à deux rains seulement des manouvriers.* » (R. Wadier).

RAISIN DE CAISSE loc.nom.m. Raisin sec.
« *Le Kougelhof aux raisins de caisse.* » (Erckmann-Chatrian).

RAISON n.f. Plainte, récrimination, réprimande.
« *Il écoutait si le vent emportait ses raisons.* » (Légende de J. Meyon).
AVOIR DES RAISONS AVEC QUELQU'UN : Avoir des démêlés avec quelqu'un.

RAMAGER v.i. Gronder, crier.
« *Quand je rentre tard du bistrot, le soir, ça ramage à la maison.* »
FAIRE DES RAMAGES loc.v. Colporter de faux bruits, médire.

RAMANDER v.t. Repriser, ravauder.
« *Et lui, le beau Roquelaure-là, y ne pensait qu'à se pavaner en chemise de soie décolletée, mais oui, ma chère, et à se faire amidonner les cheveux comme un œuf à ramander les bas.* » (G. Chepfer, « La Misquette reprend son auberge »).

RAMASSE Voir SOUFFLÉE.

RAMÉE n.f. Protection de bardeaux (en bois, ciment...) fixée sur le mur exposé à la pluie.

La construction d'une ramée neuve avec isolation est en cours d'achèvement au groupe scolaire Pierre Bernard.

Les Annonces des Hautes-Vosges, 26-6-1988

RÂMINER v.t./i.
1) Répéter sans arrêt la même chose. [Partout].
« *Les femmes ont bien aisé de parler ; quand on est premier piston, on a de la responsabilité.
– Oh ! lâche-nous le coude, nemme ? Te ne vas pas râminer comme ça toute la nuit, hein ? Ou je ne vas pas coucher avec toi.* » (G. Chepfer, « Les lauriers sont coupés »).
2) Grogner, rouspèter.
« *... C'est comme pour la cuisine, tous les gens sont devenus cheulards. Mais qu'est-ce que vous voulez raminer, ma pauv' Célina, c'est tout de même mieux d'avoir du bon pain frais du boulanger tous les jours que de faire son pain de ménage soi-même qui était rassis pendant des semaines, et aussi de manger de la viande un peu plus souvent que tous les huit jours.* » (G. Chepfer, « Mon Dieu donc que le monde est changé »).

RAMOLATTE n.f.
1) Voir RAGUSOTTE.
2) Femme qui répète toujours les mêmes rengaines.

RAMON n.m. Balai. [Meuse, Pays-haut].
« *Quelques femmes, en attendant l'heure de la traite, les [poules] chassaient à coups de ramon vigoureux et essayaient d'entraîner vers le fumier tout ce qui traînait sur l'usoir.* » (A.-M. Blanc).
Même sens : HANDLEÛRE, PÂNEÛRE.

RAMONER v.t./i. Balayer.
Même sens : HANDLER, PÂNER.

RAMPOUILLE n.f. Fond d'une prairie, par opposition à la grande herbe (ou « fenasse »).
« *Cette année, le foin ne sera pas bon : il y a de la fenasse, mais pas de rampouille.* » (Meuse).

RAMUCHER v.i. Faire du bruit – mais discrètement – notamment en marmonnant, ronchonnant.
« *Il n'a fait que ramucher toute la nuit.* » (Nord-meusien).

RAN(G) n.m./f. Soue, réduit à cochon.
« *(...) Et dans la « rang » où la paille est froissée, le Monsieur habillé de soie s'étire, se dresse, s'agite, « feurgeugne » du groin le long des planches et lève l'oreille au moindre bruit.* » (Anonyme, in J.-M. Cuny).

RANARER v.t. Aérer un local.
« *Ça sent le bouc ici, tu n'as donc jamais l'idée de ranarer ta chambre ?* »

RÂOUER v.i. Traîner, courir [sens péjoratifs].
1) Se dit pour un matou.
2) Se dit d'un homme (plus rarement d'une femme) qui « court ».
« *Ah ! oui, parlons-en de bouzin on a été raouer d'une drôle de façon : on a fait des paquets à l'emballage jusqu'à minuit.* » (G. Chepfer, « Le Jour de l'An »).
Même sens : RAÛILLER, RÔDÂILLER, ROULER, SEÛGNER 1), TRÔLER 1).

RÂPÉ n.m. Beignet de pommes de terre râpées.
« *Le vendredi, ma mère faisait toujours des râpés : on faisait maigre et on était calé.* »

RÂPERIE n.f. Bois de résineux destiné à la fabrication de la pâte à papier.

ACHÈTE râperie, 2ᵉ classe, à port de camion. Tél. 29.57...

Les Annonces des Hautes-Vosges, 16-4-1989

RAPIDE n.m.
1) Avare, cupide, malhonnête.
« *L'Alphonse, c'est un rapide, d'ailleurs ils ont tous les doigts crochus dans la famille.* »

2) Séducteur, « play-boy ».
« *Ne laissez pas votre Nicole aller au bal à N... : c'est des rapides là-bas.* »

RAPPELER v.t.
Faire envie, mettre en appétit.
« *Enfin, voyons, mangez-vous ?*
– Ben, des fois, ça dépend comme je suis retournée, et puis si c'est quelque chose qui me va. Ainsi la salade, les raves. Il me faut des choses qui me rappellent. Le lard ça me fait lever le cœur. » (G. Chepfer, « Chez le médecin »).

RASETTE n.f. Binette. [Montmédy, Argonne].

RASSAPI adj./n.m.
1) Trop cuit, desséché.
« *(...) lui aussi, a eu le toupet de me faire des avances, mais oui ! et de me dire qu'il m'avait toujou trouvée à son goût, le peut homme. Pensez plutôt à la mort, vieux rassapi, que je lui ai crié en prenant mes jambes à mon cou.* » (G. Chepfer, « La Pétronille se remarie »).
2) (au figuré) Personnage ratatiné et grincheux.
Variante : RAMEÛCHI, RESSAPI.

RAT n.m. **RATE** n.f. Rat, souris.

RATABOQUER v.t. Réparer, plus ou moins habilement quel-

que chose, rafistoler, réparer sommairement.
« Ça tiendra ce que ça tiendra, hein, c'est juste ratoboqué, j'ai pas eu le temps de faire mieux. »

RATTIRER v.t. Attirer.
« L'usine a rattiré du monde au village. »
« La fête des jonquilles, ça rattire du monde à tout partout dans Gérardmer. »
« Elle rattire les hommes, la pinéguette-là. »

RATTROUPER v.t. Rassembler, réunir (des choses ou des êtres animés).
« On rattroupe les affaires, les enfants, et on s'en va. »

RAÛILLER Voir RÂOUER.

RAVISOTTE n.f.
1) Idée qui « trotte dans la tête ».
« Oh ! je ne veux encombrer personne (...). Et pis, j'ai mes petites habitudes, mes ravisottes... » (G. Chepfer, « Tante Didiche l'a échappé belle »).
2) Enfant qui naît une dizaine (ou environ) d'années après l'enfant qui l'a précédé. Enfant « accident ».
« Notre Catherine, c'est la plus gâtée, comme toutes les ravisottes. »
Variante : RÈVISOTTE, -ATTE.

RAVOIR v.t.
1) Avoir.

« Le renard s'était fourré dans l'aqueduc, on a eu un mal de chien pour le ravoir. »
2) Avoir à nouveau.
« J'ai reu la grippe trois fois cet hiver. »

RÂYER v.t. Arracher.
« Ainsi, j'ai eu cinq enfants, Mossieu, eh ben ! je ne vous le cache pas, j'aimerais mieux en avoir un sixième que de me faire râyer un dent... C'est la vraie vérité que je vous dis là... » (F. Rousselot).

RÂYER LES (DES) YEUX Écarquiller les yeux.
« Il raye des yeux comme une soucoupe. »

RAYOTTE n.f.
1) Ruelle du lit.
« J'ai mieux aimé ne pas refaire notre lit, puisqu'il faut raccommoder le sommier. Je ne comprends pas comment qu'il a pu s'écrouler dans la rayotte, nous ne sommes pourtant pas si gros, l'Alphonse et moi ! » (G. Chepfer, « Cousins de Pentecôte »).
2) Raie des fesses.
« Il fait si tellement chaud que j'ai la rayotte du cul qui fait chânette. »

REBELLER v.t. Contredire, désobéir à.
« Il rebelle ses gens. »

REBOLER v.t. Jeter les yeux sur quelqu'un ou quelque chose.

[Plaine-sous-vosgienne, Vôge, Massif montagneux].
« Qu'est-ce que t'as à me rboler ? Tu veux ma photo ? »

REBOULER (SE) v.pron.
Se retourner (le pouce). [Montmédy, Pays-haut, Haye].
REBOULÉ adj. Émoussé, arrondi [de la pointe d'un couteau, de la lame d'un outil tranchant].

RECACHER v.t. Couvrir, préserver des intempéries.
« Il va falloir décacher son cul pour recacher sa tête. » (dicton-expression usitée lors d'un gros orage).

RECHANGE n.m. Linge de rechange.
« Seule la femme du notaire ne la [la lessive] *faisait faire qu'une fois l'an. Il est vrai qu'elle avait tant de linge qu'elle pouvait attendre ses rechanges d'une année sur l'autre. »* (A.-M. Blanc).

RECINER v.i. « Souper », prendre un repas, une collation tard dans la nuit, réveillonner. [Partout].
« Les Carmes apportent dans un flacon
Du vin vieux d'Ormisé
Les Minimes, des rogatons,
Pour l'enfant reciner... » (M. Laissy).

RÉCINON n.m. « Souper », repas pris à la fin d'une veillée, d'un réveillon.

RÉCLAIRCIR Voir DÉPAISSIR.

RÉDAZER v.t. Rassembler, arranger...
« Mais... de tout... Noé avait tout rédazé dans les épiceries du villâche, du café, des pois cassés, des tonneaux de harengs, du chocolat, des boîtes de sardines... » (F. Rousselot).

REDEVOIR v.t. Avoir des dettes, devoir quelque chose.
« Non, ce n'est pas possible ! Elle est à nous maintenant, notre maison, nous ne redevons plus rien dessus ? Oh !.. eh ben ! vous nous en faites une, de surprise, là... » (G. Chepfer, « Le frère de lait »).

REGIBER
1) Quitter, abandonner le nid.
Voir CHIER SUR SES ŒUFS.
2) (sens figuré) Faire marche arrière dans une voie où l'on s'était engagé.
« Il est resté un petit moment au séminaire et puis, tout d'un coup, il a regibé. »

RÈGNE n.m. Épidémie ou épizootie. [Lorraine du Nord].
«Tous les enfants de l'école ont la rougeole, c'est un règne, c'est le docteur qui est content ! »
Même sens : TRAIN.

RÉGOUTTER Voir ÉGOUTTER.

RELAVATTE (TROUVER LA - AU POT) Voir MARGOULETTE, (SE METTRE LA - AU CLOU).

RELAVER v.t. Laver (pour la première fois ou la énième fois). [Partout].
« *Bouge pas, maman, je vais te relaver tes assiettes.* »

RELAVETTE n.f. Lavette, utilisée surtout pour la vaisselle.

RELAVURE n.f.
1) Eau de vaisselle.
2) Eaux grasses que l'on donne aux cochons.
3) Boisson, notamment café, insipide.
4) Soupe trop « claire » et donc sans goût.

RELÈCHER v.t./pron.
1) Embrasser, s'embrasser.
« *Le roi n'était pus ton cousin parce que les Touffiat venaient se réfugier chez nous. Et je t'embrasse et je te relèche !.. te n'as pas été longue à changer de figure. Bougre de Lolotte, va !* » (G. Chepfer, « La guerre des nerfs »).
2) Lècher.
« *Des rissoles, des fricadelles, de la tétine à s'en relécher les babines, des égrévisses si bien relevées qu'elles vous emportaient la bouche. Jamais que c'était bon, je les sens encore.* » (G. Chepfer, « La première communion du gamin »).

RELEVER 1 Voir BLANCHIR 1).

RELEVER 2 v.t. Faire une fouille pour réparer une conduite, notamment une adduction d'eau.
« *La goulotte ne découle plus. Faut que j'aille relever notre fontaine.* »

REMANIER v.t. Réparer un toit, sommairement ou non.
« *Quelle tempête qu'on a eue... tous les toits sont bons à remanier.* »

REMETTRE v.t. Rentrer une récolte, mettre à l'abri une production.
« *Avec gratitude il avala sa soupe. Il n'avait pas eu le temps de reciner, ayant remis son bois tout l'après-midi. Un bien-être l'envahit.* » (A.-M. Blanc).

REMONTER v.t. Refaire le pied d'un bas, d'une chaussette trop usée pour n'être que reprisée.
« *Je n'ai plus assez de laine pour remonter tes chaussettes, tant pis, elles seront de deux couleurs !* »

RENARD Voir PERMÈTÉ.

RENCONTRE (DE -) loc.adj.
1) (Objet, véhicule) d'occasion.
2) Occasionnel.
3) Maladroit.
« *J'ai engagé un faucheur de rencontre. La fois-là je suis bien tombé.* »

RENCONTRÉ (ÊTRE BIEN/ MAL -) loc.v. Être bien/mal marié.
*« Je vois que vous avez un excellent mari.
– Oh ! pour ça... i n'y a rien à redire... J'ai été bien rencontrée... »* (F. Rousselot).

RENDANT-SERVICE adj. Serviable.

Homme dévoué et rendant service, Alphonse ne laisse que des regrets.

Les Annonces des Hautes-Vosges, 21-5-1989

RENFLER v.t.
1) Gonfler, lever [en parlant d'une pâte, d'une préparation culinaire].
« Vers la fin de la cuisson des oignons, on versait dans le chaudron un grand bol de mie de pain, qu'on avait mis renfler d'avance dans du lait, ainsi que des chons de lard gras. » (d'après L. Lavigne).
2) Abreuver un tonneau afin qu'il ne fuie pas.
« Tu as pensé renfler les tonneaux ? Les mirabelles sont mûres et tu ne seras pas prêt pour faire la goutte, une fois de plus ! »

RENOUVELER v.t. Rappeler, rafraîchir la mémoire, dire une nouvelle fois, au besoin : « radoter ».
« Tu ne t'en rappelles pas ? je te l'avais pourtant renouvelé hier. »

RENSEIGNER v.t. Indiquer...
« On lui avait renseigné une personne pour se marier. Il va donc à Chambroncourt où habitait la personne et, ma foi, il la trouve à sa convenance.
(R. Wadier).

REPAS DE COCHON loc.nom. Repas consommé lors du tuage du cochon.
« Tout semblait réussi. Le repas de cochon en faisait foi. Les convives s'étaient exclamés que « cette bête-là valait bien les porcs de Bonvillers, Joppécourt ou Joudreville – et même de Trieux – (...) » (A.-M. Blanc).

REPLANT n.m. Plant (de fleur, légume...) bon pour être repiqué.
« Tenez, prenez les paquets. On est chargé comme des bourriques, ma chère ! Vous avez bien tout ? Les camisoles ? Votre culotte ? Vos souliers ? Les replants de salade ? » (G. Chepfer, « En chemin de fer »).

REPRENANT n.m./adj. Qui ne cesse de faire des reproches, qui médit, tâtillon.
« Et pis les gens sont tous trop des pères tranquilles, des gnangnans, des laye-me je te layerai ! Chez nous, y a de tout : des bons vivants, des reprenants, des mordants, des dévorants. » (G. Chepfer, « Après le coup de balai, le coup de torchon).

REPRENDRE v.t./i.
1) Prendre la succession de quelqu'un dans son activité professionnelle.
« *La boutique de l'Henri sera bientôt fermée : personne ne reprendra derrière lui.* »
2) Continuer un travail entrepris par un collègue.
« *On raconte que les fées allaient « reprendre » le laboureur, à la nuit tombée, et achevaient le travail. Le lendemain, quand le bonhomme arrivait, le travail était fait, à sa grande surprise.* » (R. Wadier).

REPROCHER v.t. Provoquer des renvois.
« *Je ne mange plus de concombres, ils me reprochent toute la journée.* »

RÉPUGNER v.t. (sens passif). Être dégoûté, éprouver de la répugnance, du dégoût.
« *Vous pouvez me le donner, allez, je ne vous répugne pas. D'abord je ne suis pas néreuse...* » (G. Chepfer, « Cousins de Pentecôte ».)

RÈSETOT n.m.
1) Roitelet.
2) Chéri [terme affectueux d'une mère à son enfant, garçon de préférence].
« *Venez ici, mon rèsetot, vous aurez un bonbon.* »
3) Gringalet.
« *Ils n'ont pas de chance avec leur rèsetot, le premier microbe qui traîne, c'est pour lui.* »

RESSEMBLER v.t. Ressembler à quelqu'un. [Partout].
« *Mon ! Qu'est-ce qu'il ressemble son père ! Tu ne peux pas le renier celui-là.* »

RESSEMELÉE Voir ROUFFE.

RESSUYER v.t./i.
1) Essuyer.
« *Sous le vent, le soleil ou la pluie, les collines brunissantes, à nouveau s'animaient. Les hommes devant, arrachaient les pieds* [de pommes de terre], *les femmes suivaient pour les ressuyer.* » (A.-M. Blanc).
2) Sécher.
« *Arc-en-ciel le soir Ressuie les toits.* » (*Au fil du temps*).
3) Refroidir [en parlant d'une fournée, d'une cuisson].
« *Quand on cuit le pain, les gosses ne le laissent même pas ressuyer, ils tapent dans les miches à peine sorties du four. Mon ! les peuts pansâs !* »

RETIRAGE n.m.
1) Sorte de potée.
« *Retirage pour 4 personnes : dans un pot en terre si possible : 400 g de porc salé, 300 g de lard maigre salé, 500 g de choux, 200 g de carottes, 500 g de pommes de terre, 100 g de navets, 1 oignon, 50 g de haricots blanc ou de fèves de marais. (...)* » (J.-L. Perrin et J.-L. Vosgien).
2) Plat de légumes.

RETIRER v.i. Dans les expressions :

RETIRER DU CÔTÉ DE : Ressembler à.
« *Il retire du côté de sa mère.* »

SE FAIRE RETIRER : Se faire photographier.
« *Les mariés iront se faire retirer après la messe.* »

RETOURNER v.t. Être à nouveau en chaleur après une saillie infructueuse. [Se dit surtout des vaches qui « retournent au bœuf ».]
« *La carne-là, ça fait déjà deux fois qu'elle retourne au bœuf, le prochain coup, je la bazarde.* »

REVÊDO (A -) loc.adv. Sur le dos.
« *Quand elle a eu compris, la paufe Nonôre a cheu de tout son long, en revêdo, quasiment morte. Le Gugusse l'a relevée et l'a soignée du mieux qu'il a pu. Mais, depuis l'affaire-là, la Nonôre a restée toute dolente. Et, de la défaite, elle ne se revoit pus.* » (F. Rousselot).
Variante : EN REVÊDO.

RÈVENEUX n.m.
1) Petit dernier d'une famille. Voir CULOT.
2) Troisième coupe d'herbe.
« *On ne fait jamais sécher le rèveneux, c'est trop risqué, on le donne en verdure.* »

REVENIR AU MONDE loc.v. Reprendre ses esprits, sortir d'un coma, d'un évanouissement, d'une faiblesse.

RÈVILLON n.m. Liseron. [Montmédy, Gaume, Pays-haut].
« *Mon champ est plein de rèvillon. Quelle saleté tout de même !* »

REVOIR (SE) v.pron. Être indisposée, avoir ses menstrues, ses règles.
« *J'ai bien cru que j'étais prise, je ne me revoyais plus.* »

RIFFLE n.f. Sorte de peigne pour cueillir les myrtilles.
« *La riffle, ça abîme les brimbelliers, on devrait l'interdire, on en parle tous les ans, mais on ne le fait jamais !* »
Variante : RIFFLETTE.

RÔDÂILLER Voir RÂOUER.

RÔILLE n.f.
1) Sillon, raie de charrue.
« *Arrivé au bout du champ, il déposa sa musette dans la « roie » et partit battre les buissons dans l'espoir de faire lever un lièvre ou peut-être quelques perdrix.* » (R. Wadier).
2) Rigole de draînage.
« *Les rôilles sont pleines aux Evolâs, faudrait les retailler.* »
Variante : ROILLATTE.

RÔLE n.m.
1) Rouleau de foin.
2) Tas de bois entreposé sur l'usoir ou en forêt.

« *Ils n'auront pas froid cet hiver, ils ont un sâpré rôle de bois devant chez eux.* »

RÔPÉE Voir ROUFFE.

ROSÉ n.m. Psalliotte des champs *(Psalliotta campestris)*. Variété de champignon.
« *L'année de la sécheresse, en 1976, tu te rappelles, les rosés, on en ramassait des baugeattes.* »

ROSÉE n.f.
1) Rosée.
2) Bruine.
« *C'était juste une rosée ce qui est tombé, elle n'a même pas mouillé la terre.* »
3) (par antiphrase) Forte pluie.
« *Il y a eu une sâprée rosée cette nuit, ce n'est pas près de ressuyer.* »

ROUFFE n.f. Fessée, correction, volée de coups. [Pays-haut, Woëvre, Pays messin].
« *Je lui ai foutu une de ces rouffes, il s'en souviendra pour le restant de ses jours.* »
Même sens : CHLÂGUE, DANDINE, DANSE, RESSEMELÉE, RÔPÉE, ROUSTE, TÂNÉE, ZOMBÉE, ZOQUE 2).

ROULER Voir RÂOUER.

ROULETTE DU GENOU Voir CALOTTE DU GENOU.

ROUSSEAU adj. Jaune, roux. [Se dit exclusivement du gérômé (fromage) quand il a pris sa couleur orangé.]
« *Je ne peux pas vous en céder de rousseau, j'ai tellement de clients que mes fromages sont vendus avant que les vaches soient tirées.* »

ROUSSES n.f.pl. Taches de rousseur.
« *Mon ! qu'elle est donc peute : elle a des rousses plein la figure.* »

ROUSTE Voir ROUFFE.

ROUSTI adj./n.m. Brûlé.
« *Ça sent le rousti, tu ne peux pas faire attention et surveiller tes casseroles !* »

RUTUTU n.m. Copeau, de la hache, du rabot. [Montmédy, Pays-haut].

S

SABOT DE BOIS loc.nom.m. Sabot.

> *Oui elles ont grandi les jolies petites élèves de Mlle Pauline Pfertzel de l'école de Clefcy, qui portaient un si joli tablier et même de beaux sabots de bois.*

Les Annonces des Hautes-Vosges, 26-2-1989

Même sens : SOULIER DE BOIS.

SAC (AMASSER LE -) loc.v. Constituer un magot, faire fortune.

« *T'es not' fils unique, t'auras le saint frusquin et te sais si nous avons peiné pour t'amasser le sac ; te peux prendre celle que t'veux, une noire, une rouge, une grosse, une maigre. J'te dis, n'en a pas une qui n'te reguigne du coin de l'œil ; penses-tu, le fils au père Bagard ?* » (G. Chepfer, « Indécision »).

SAC (AVOIR LE -) loc.v. Être riche, fortuné.

« *C'est qu'il y a le sac, là-dedans. Et des terres.* »
(G. Chepfer, « La belle laitière se marie »).

SAGÂRD n.m. Gérant d'une scierie, ouvrier dans une scierie.

> Notre scierie communale continuera d'assurer la fourniture des bois de charpente des bâtiments communaux dont la plus belle opération est en cours de réalisation avec la réhabilitation extension du Foyer Rural autour : de l'original projet de M. De Lesseux ; de la noblesse des bois des forêts communales d'Anould ; de la diversité des essences ; de la qualité du sciage de notre sagârd ; et du savoir-faire des entreprises Barlier et Délot.

Les Annonces des Hautes-Vosges, 28-1-1990

SALE adj. Rempli par les mauvaises herbes. [Se dit d'un jardin, d'un champ...]

SALE (SE FAIRE -)
loc.pron. Se salir.
« *N'entrez pas dans l'écurie avec vos beaux habits, vous allez vous faire sale.* »

SANTIF adj. Bon pour la santé.
« *Et regardez voir, madame Goulotte, si ce n'est pas plus santif de se chausser comme les pères Chartreux, avec une semelle de bois et une couriatte qu'on croise*

sur le cou de pied. » (G. Chepfer, « Le cultivateur en chambre »).

SAPIN Voir TENDELIN.

SARPER v.t.
1) Débiter un tronc d'arbre en « grumes ».
« *Faut le sarper en grumes de 10 m.* »
2) Couper la parole.
« *Il m'a sarpé en pleine explication.* »
3) Donner une mauvaise note à un élève, être sévère [dans l'argot des potaches].
« *Il a tout fait pour me sarper, j'avais flairé le coup, il en a été pour ses frais. Mais maintenant je suis obligé de me méfier et d'apprendre mes leçons.* »
4) Faire une « vacherie » à quelqu'un, le dégommer de son poste.
« *Comme il ne peut pas me sentir il m'a sarpé, j'étais tranquille comme chauffeur, il m'a rétrogradé planton.* »

SARPIE n.f. Menu bois.
« *Les hommes entouraient l'âtre où flambait la sarpie (on confectionnait des fagots de branches tirées des haies et hachées à la serpe, d'où le nom de « sarpie » donné à ce menu bois) que l'on rechargeait « èvou let fenotte » (avec la fenotte = petite fourche).* » (R. Wadier).

SAULE n.f. Saule, osier. [Partout].

```
Donne belles saules à
paniers à couper. M. Félicien H...
Tél. 29.50...
```
Les Annonces des Hautes-Vosges, 26-2-1989

Variantes : SAÛ, SAÛSSE.

SAUTE AUX PRUNES
loc.nom. Femme, jeune fille, très volage, très légère.
« *Peu d'hommes dormirent cette nuit-là. Ils imaginaient les arbres coupés, la terre éventrée, en d'autres mains que les leurs, des étrangers jusque sur leur porte, peut-être à leur table et... jusque dans leur lit pour quelques « saute aux prunes »* » (A.-M. Blanc).

SAVOIR v.t./i. Pouvoir.
« *Depuis mon accident je ne sais plus travailler.* »

SÂWÉE Voir CALENDE.

SCHLITTE n.f. Sorte de luge, de traîneau.
« *Toute sa vie, il avait soulevé ou retenu sur son dos de lourdes charges, que ce soit des pierres ou des schlittes, ces traîneaux que l'on chargeait lourdement d'une pile de bois et qu'on descendait de la forêt en les faisant glisser derrière soi.* » (F. Martaine).

SCHLITTAGE n.m. Débardage du bois au moyen de la schlitte.
« *Une voie de schlittage ne passe pas n'importe où, il faut la calculer.* » (J. Saltel).

SCHLITTEUR n.m. Débardeur qui utilise la schlitte.
« *Au schlitteur pour son trépas
Il suffit d'un faux pas.* » (proverbe, cité par J. Saltel).

SCHLOFF (ALLER -) loc.v. Aller se coucher, aller au lit.
« *On ne saura jamais ton compliment, ma pauv' Lélette. Te nous le réciteras chez la tatan Cervelet si elle est bien lunée, ou ce soir avant d'aller schloff.* » (G. Chepfer, « Le Jour de l'An »).
Variante : ALLER AU -.

SCHNAPS n.m.
1) Eau de vie
2) Alcool [banal ou de mauvaise qualité].
« *C'est ainsi qu'à chaque fin de poste, elle préparait cinq petits verres de schnaps sur son comptoir.* » (A.-M. Blanc).
Même sens : CHIEN 2, SCHNICK, TROIS-SIX.

SCHNICK Voir SCHNAPS

SCHTÔLÉ (ÊTRE MAL -) loc.v. Être mal attifé, mal fagoté, mal habillé...
« *Laisse-moi d'abord me requinquer un peu, avec le grand vent-là, j'ai l'air de la poupée du diable : mon chapeau est tout de traviole, ma robe toute débringuée... ; je ne veux pas être mal schtôlée pour aller voir madame Toriotte... Une aut' de fois je ne m'habillerai pus en dimanche, je viendrai comme je serai, pour sûr !..* » (G. Chepfer, « À la guerre comme à la guerre »).

SECRET (GUÉRIR DU -) loc.v. Pratiquer illégalement la médecine en soignant les gens selon des méthodes empiriques ou proches de la magie.
« *Nous avions même emmené la petite Caroline, la fine mouche-là qui tire les cartes et guérit du secret.* » (G. Chepfer, « Après le coup de balai, le coup de torchon).

SENTIR BON LE PROPRE loc.v. Avoir une odeur agréable.
« *On se lave tous au savon de Marseille, on se récure bien à fond, et après on sent bon le propre que c'est un plaisir.* » (G. Chepfer, « Faut-y les cuper, faut-y ? »).

SEPTANTE adj.num. Soixante-dix. [Perçu comme vieilli.]

La solution : Dans les Annonces du 25 décembre, c'était M. Louis M..., un retraité de septante ans, demeurant à Plainfaing.

Les Annonces des Hautes-Vosges, 1-1-1989

SEÛGNÂ n.m.
1) Celui qui travaille mal. Voir HARTÂRE 3).
2) Fouineur, chapardeur.
« *Avec le seûgnâ-là dans le coin, tout ce qui traîne, c'est vite embarqué !* »

SEÛGNER v.i.
1) Être en rut (animal). Voir RAOUER.
2) Chercher, fouiller, farfouiller.
« *Je m'en déméfie, de l'autre-là, toujours en train de seûgner. Et comme il a les doigts crochus !.. »*

SIEN (LA -) Voir LA MIEN.

SŒUR (CHÈRE -) loc.nom.f. Religieuse, bonne sœur.
« *C'est eux qui ont déjà gagné le beau tapis en écailles d'étoffe de toutes les couleurs à la tombola de la chère sœur.* » (G. Chepfer, « Mais qui donc a gagné les cinq millions »).

SOIR (AU -) loc.adv. Ce soir. [Lorraine du Nord].
« *Vous viendrez à la maison, au soir, vous passerez par le jardin.* »

SOIR (ENTRÉE DU -) loc.nom.f. Début de la soirée. [En général après 17 h et avant 19 h.] [Gaume].
« *Je vous sonnerai à l'entrée du soir.* »

SOLEIL n.m. Grenier à foin. [Vôge, Plaine sous-vosgienne, Massif montagneux].
« *Il n'y a plus de place au soleil, où va-t-on mettre le reste de foin ?* »
Même sens : CINAU.

SOLÉRE n.f. Table, légèrement inclinée, sur laquelle on moule et sale les fromages. [Massif montagneux].
« *Ainsi la chaleur du foyer est tout imprégnée des senteurs qui émanent de la solére, témoin muet de la vie familiale.* » (P. Walter).

SONNER v.t/i. Téléphoner à quelqu'un. [Gaume].
« *Je peux vous sonner jusqu'à quelle heure, 21 h, 22 h ?* »

SONNER UN (EN) MORT loc.v. Sonner le glas.
« *Quand on sonnait un mort, on disait : « Mon corps est mort, mon âme s'envole »* » (R. Wadier).
Même sens : SONNER LES AGONIES.
Variantes : SONNER GENS MORTS, SONNER LES RANDONNÉES.

SOQUETTE n.f.
1) Grosse bûche de bois.
« *Remettre son bois : rentrer son bois en automne (rondins, soquettes, ételles).* » (A.-M. Blanc).
Même sens : CALOT, TOC 2.

SORTIR loc.v.
1) Être élu.

Aujourd'hui a eu lieu dans toute la France le renouvellement des Conseils municipaux (...). La liste de Fraize est sortie complètement.

Les Annonces des Hautes-Vosges, 27-7-1989 (reprenant un texte rédigé le 9-1-1881)

2) Finir de, venir de.
« *Je sors juste de l'apprendre.* »

SORTIR DEHORS loc.v. Sortir.
« *Je sors dehors, qu'est-ce que je vois, rien !* » (C. Vanony).

SOSSON n.m. Compagnon (souvent péjoratif).
« *Il a trouvé un sosson, un pareil à lui !* »

SOSSON (TRAVAILLER À -) loc.v. Travailler en commun avec un voisin. [Avant même les CUMAC, on achetait, parfois, en commun du matériel agricole et on s'entraidait.]
« *Si on ne travaillait pas à sosson, on raterait souvent l'ensilage.* »

SOTRÉ n.m.
1) Diablotin, elfe, gnôme. [Partout].
« *Du temps où il y avait des chevaux, il y avait des écuries où les chevaux étaient mieux soignés que dans d'autres. Ils étaient plus gros, plus forts.*
Un vieux bonhomme du pays prétendait qu'il y avait un personnage qui venait leur donner à manger la nuit, en cachette, c'était le sotré. » (R. Wadier).
2) Tourbillon de vent.
« *À Tranqueville, quand on était dans les prés et qu'on voyait arriver un tourbillon de vent, le foin montait en l'air. Alors c'était un signe de pluie et mon père disait : « C'est le soutré ! » On disait aussi le « Tribouillo ».* » (R. Wadier).
3) Garnement.
« *Il gelait à nouveau, mais pas assez encore pour faire des glissades. C'était bien dommage. Ils étaient rentrés, faits comme des sottrés, essuyant prestement du revers de la main sur leurs culottes, la sueur qui, malgré le froid, leur coulait sur le front et dans le cou.* » (A.-M. Blanc).

SOUFFLÉE n.f. Congère.
« *À Champdray, sur le plateau, la route est souvent coupée par des soufflées. Là-bas, ils appellent ça des « énées », mais c'est du patois.* »
Même sens : ÉNÉE, RAMASSE.

SOUFFLER v.t. Éteindre une lampe [même électrique].
« *Souffle la lampe : on va se coucher.* »

SOULIER DE BOIS Voir SABOT DE BOIS.

SOULIER DE CUIR loc.nom.m. Soulier, chaussure. [Massif montagneux].
« *J'ai mis des neufs souliers de cuir, ça me blesse !* »

SOÛLON n.m. Ivrogne. [Partout].
« *Il avait le grand défaut d'être un peu trop soûlon.* » (Légende de J. Meyon).

SOUPER v.i. Prendre le repas du soir. [Partout].
« Le dimanche, j'allais à la messe ; après-midi, je dessinais, puis j'allais faire une promenade. Après souper, souvent je faisais la veillée avec le patron, sa femme et sa fille ; pour terminer la veillée, on buvait une anglaise de vin cacheté et on mangeait des noisettes. » (J.-B. Haxaire, in *Les Annonces des Hautes-Vosges*, du 14-5-1989).

SOUPER n.m. Repas du soir.
« Après souper, pour la première fois, les garçons eurent le droit de veiller pour attendre la messe de minuit. » (A.-M. Blanc).

SOURD Voir ENTENDRE SOURD.

SOYOTTE n.f.
1) Jonc de ruisseau. [Haye, Massif montagneux].
« C'est le chanvre de la quenouille qui sera jeté au feu (ou des herbes de remplacement comme des roseaux secs appelés « soyottes ». (J. Grossier).
2) Danse.

Bal Folk samedi

(...) Au cours de cette soirée, vous pourrez apprendre la polka, la valse, la mazurka, la scottisch, la bourrée, la soyotte, mais aussi la gavotte, la gigue, le branle, le two-step, etc.

Les Annonces des Hautes-Vosges, 27-12-1981

3) Petite scie.
« Faudra affûter ta soyotte, elle ne coupe plus. »
Variante : SÈGOTTE.

SQUÉ adj.
1) Bizarre [se dit du temps], curieux. [Massif montagneux].
« Mon, quel squé temps ! »
2) Vilain, laid, méchant.
« Il faisait un temps épouvantable, de la neige et de la pluie mélangées et poussées par un « ské » vent de traverse. » (J. Grossier).
3) Caractère difficile.
« Avec un squé caractère comme le tien, il va t'arriver des bricoles. »

STRAÛ (ÊTRE -) loc.v. Être « tendu », inquiet, l'échapper belle. [Massif montagneux].
« En plein virage une plaque de verglas, il était straû, heureusement, il n'y avait pas d'arbre sur le bas-côté de la route à cet endroit. »

SUR prép.
1) Au milieu de.

Dimanche matin, la Fanfare Michelloise donnera un concert sur la fête à l'issue de la grand'messe paroissiale, marquant ainsi l'ouverture officielle de la fête édition 1983.

Les Annonces des Hautes-Vosges, 2-10-1983

2) Au.
« Sur le jeu de quilles, quand il y avait un homme qui n'avait plus de sous, et bien tiens ! le sorcier secouait sa manche et... il en tombait des pièces ! » (R. Wadier).

SÛR (POUR LE -) loc.adv. Sûrement, pour sûr...
   « *Ah ! pour le sûr que je tousse. J'ai des quintes, jamais de la vie ; ça me résonne dans la tête comme un tambour.* » (G. Chepfer, « Chez le médecin »).

SURVIVANT adj. Encore vivant.
   « *Mais non elle n'est pas morte, elle est survivante.* »

T U

TAILLEUR (TAILLEUSE) D'HABITS loc.nom. Couturier, couturière.

« *Le tailleur d'habits avait maintenant deux apprentis. Son atelier devenait boutique où il présentait les premiers costumes de confection comme Messieurs Gillet-Lafond-Thiery en avaient lancé la mode en Belgique.* » (A.-M. Blanc).

TANÇON n.m. Étai, étançon.

« *Avec un ou deux tançons on peut la redresser, votre toiture.* »

TANÇONNER v.t. Étançonner, étayer.

« *Le mur va bouler si tu ne le tançonnes pas.* »

TÂNER (SE) Se vautrer, se coucher comme un animal.

« *C'était-y beau au moins ?
– Je me rappelle pus, mais ç' qu'y a d' sûr, c'est qu'on a bien pioncé. Lacoutrotte s'est tâné d'un côté, moi de l'autre et on a piqué une romance, je ne te dis que ça.* » (G. Chepfer, « La marraine du poilu de Saizerais »).

TÂNÉ adj.
1) Étendu, allongé, vautré.

« *Ce n'est pas qu'on se baigne beaucoup, non, mais y se mettent tous tout nus. Ouais ! Les gens-là ! Les femmes comme les hommes et y restent tous tânés là sur le sable pendant des heures en rangs d'oignons à se faire sécher au soleil comme des z'harengs saurs.* » (G. Chepfer, « Mon Dieu donc que le monde est changé »).

2) Fatigué, « crevé ».

TÂNÉE Voir ROUFFE.

TANRÉ (ÊTRE -) Voir GOSSER

TANT QU'ET PLUS loc.adv. Beaucoup. [Partout].

« *Je ne trouve même plus de petits gris, dans le temps j'en ramassais tant qu'et plus.* »

TAQUE n.f.
1) Contrecœur de la cheminée.

« *Taque de foyer aux armes des familles Cachet et Beaufort provenant d'une maison sise à Nancy, à l'angle de la Grand-rue et de la rue de Guise. Fin xvie siècle. (Musée lorrain). »* (Légende d'une reproduction de plaque de cheminée, in J.-M. Cuny).

2) Sorte de placard communiquant **entre la cuisine** et le poêle **permettant de** chauffer celui-ci.

« *On donnait le nom de « taque » à une petite armoire du « pèle » (poêle) dont la plaque constituait le fond et où il régnait constamment une bonne température. C'est là qu'on entreposait la pâte à lever avant la cuisson, pour la faire lever plus vite ; on y plaçait aussi une petite réserve de bois à brûler destiné au poêle du « pèle », pour en faire le séchage.* » (**J. Massonnet**).

TARIE adj.f. Vache (le plus souvent) dont la lactation est terminée.

ON DEMANDE : Cherche personne voulant prendre en pension 2 vaches taries et 1 taureau de 2 ans calme. Tél. 89.58... Vallée de Sainte-Marie-aux-Mines.

Les Annonces des Hautes-Vosges, 10-12-1989

TARTE AU (DE) MAUGIN loc.nom.f. Tarte au fromage blanc.
Variante : TARTE DE MEUGÉ.

A la Trinité, c'est la fête du meugé, à Gérardmer !

Les Annonces des Hautes-Vosges, 21-5-1989

TARTELLE n.f.
1) Crécelle.
Voir BRUAND.
2) Bavarde, grande langue...
« *Des discussions, parfois, secouaient les hommes chez la Tartelle – l'aubergiste était appelée ainsi à cause de la langue bien pendue de son épouse – toujours à propos des terres.* » (A.-M. Blanc).
Voir CÂCATTE 1).
Variante : TRÉTELLE.

TASSE Voir TOSSATTE.

TÂTÂS n.m.pl. Seins.
« *Mon ! T'as vu les gros tâtâs qu'elle a !* »
[Registre de la langue « rude », à la limite du grivois, très fréquent.]

TAÛGNÂT (-ÂTE) adj. Ours mal léché, personne peu aimable, renfrogné, bourru, sournois et buté, renfermé.
« *On sait avec quoi que vous la faites vot' eau-de-vie, elle ne sent pas la rose, hein, vieux tôgnat ?... mais l'argent n'a pas d'ôdeur... C'est bon, si on voulait causer !* » (G. Chepfer, « La bonne hôtesse »).
« *Moi j'peux bien prendre des courants d'air toute la journée, me taper mes 18 de tension à cause de ce vieux « tôgna » de Clément... être malade comme une bête, tout le monde s'en fout !* » (G. Goulon).
Variante : TEÛGNAT.

TEIGNON Voir PERMÈTÉ.

TÉLÉ n.m. Poste de télévision.
« Le télé est tombé en panne en plein milieu du matche, qu'est-ce que j'ai pu râler ! »

TEMPS (DANS LES -) loc.adv.
Autrefois.
« Chaque après-midi de l'été et du naissant automne – dans les temps – ma grand'mère se rendait dans son verger, pauvre clos de hartar qu'un maigre buisson d'épines noires séparait du mai. » (F. Rousselot).

TEMPS (DU - LÀ) loc.adv.
En ce temps-là, à cette époque.
« Oh ! mais neun !.. les bêtes du temps-là étaient bien gentilles... Elles valaient mieux que les gens... Et pi Noé avait fait des séparations avec des fils de fer... » (F. Rousselot).

TEMPS (FAIRE LE -) Voir ORAGE (FAIRE L'-).

TENDELIN n.m. Hotte pour transporter des liquides :
a) la vendange, du moût, voire du vin ; *« Les vignerons présents m'ont dit que je ne pourrais pas porter le tendelin parce qu'il fallait en avoir une grande habitude. »* (J.-B. Haxaire, in *Annonces des Hautes-Vosges*, du 21-5-1989).
b) le purin. [Depuis Void - fin].
Même sens : SAPIN.

TENIR PROPRE loc.v.
1) Tenir une maison en ordre.
« Elle tient propre sa maison, tu mangerais sur le par-terre. »
2) Bien habiller ses enfants, bien les élever.
« Ses enfants viennent presque aussi maniaques qu'elle, faut dire qu'elle les a toujours tenus propres. »

TÉRETTE, TERLACATTE Voir BRUAND, CÂCATTE.

TERRE (GRASSE -) loc.nom.f.
Argile.
« C'est de la grasse terre par ici, une terre de chien à travailler, mais ça rend pas trop mal. »
Variantes : FORTE TERRE, GROSSE -. ROUGE -.

TÊTE DE CHAT Voir MOUTON 2).

TÊTE DE HOLZ loc.nom.f.
1) Tête dure, tête de bois [souvent compris comme « tête de Boche »]. [Partout].
« Il a une sâprée tête de holz, ton gamin, je ne sais pas si tu en feras la fin. »
2) Germanophone.

TÉTRELLE, Voir BRUAND, CÂCATTE.
Variante TRETRELLE.

145

TETTE n.f.
Voir TOSSATTE.

TIAFFER v.i. 1) Voir CHOPOTER.
2) Piétiner sur place dans la boue ou l'eau.

TIAQUER Voir CODASSER.

TIEN (LA) Voir LA MIEN.

TIRER LES VACHES loc.v. Traire les vaches.
« *Pour t'apprendre à tirer les vaches, tu commenceras par la Jansatte, elle est douce et aisée comme tout.* »

TIRER AU RENARD loc.v. Être paresseux, avoir la flemme.
« *Quand on était fatigué, qu'on allait ailleurs, qu'on allait jouer, on nous disait aussi : « Tu tires au renard ! ».* (R. Wadier).

TOC n.m.
1) Trognon (du chou...). Voir CÂQUE.
2) Grosse bûche. Voir SOQUETTE.
3) Souche. Voir COLEUCHE.
4) Grosse bille (jeu d'enfant).
« *En jouant aux billes, cet après-midi, j'ai perdu tous mes tocs !* »
Même sens : BISCAÏEN, BOULET, BOULON, CHTOCOTTE, PAF.

TOILETTE Voir VOILETTE.

TONNERRE n.m. Foudre. [Partout].
« *Le tonnerre est tombé sur leur ferme, le feu a tout dévoré, les pompiers n'ont rien pu faire.* »

TONTICHE n.f.
1) Poupée de chiffon. Voir CATICHE.
2) (au figuré) Personne sans caractère ni personnalité.

TÔPER Voir GOSSER.

TOPIC Voir LÉCHON 3).

TOQUÉE n.f.
1) Boule de neige.
Même sens : BOULET 2, BOULON 2.
2) Touffe, cépée.
Voir TROCHÉE.

TOQUER v.i.
1) Frapper, cogner...
« *J' m'ai toqué sur le gras de la jambe, mon Dieu que ça fait mal !* »
2) Donner des coups de tête.
Voir BUQUER 1).

TORCHON DE PAVÉ loc.nom.m. Serpillière.
Variante : TORCHON DE PLANCHER.
Même sens : GAÛILLE.

TORÉ n.m. Exclamation péjorative ou méliorative selon le contexte. [Lorraine du Nord].

« Sâpré toré d'waré, il a rudement bien prêché, notre nouveau curé ! »

Même sens : VARRAT.

TORLEÛSSE s.f.
1) Vache taurelière.
2) (au figuré) Femme volage.
« Saprée torleûsse la Brigitte ! Elle en a connu des hommes. »

TÔSER Voir GOSSER.

TOSSATTE n.f.
1) Tétine du biberon ou sucette que l'on donne aux nourrissons.
« J'ai horreur des tossottes ce n'est pas hygiénique et ça les fait baver, les pauvres gosses. Et puis, pour qu'ils se débarrassent de la sale manie-là, il faut un bon bout de temps. »
Même sens : BOUBOUT, BOUT, TASSE, TETTE.
2) Le biberon lui-même.
« Il a faim, donne-lui sa tossotte qu'il nous fiche la paix. »
Variante : TOSSOTTE.

TOSSER v.t./i. Téter, boire [avec toutes les acceptions du français]. [Partout].
« Qu'est-ce qu'il tosse bien sa bouteille. »
« Le bébé tosse son pouce. »

TOUFFE (IL FAIT -) loc.v.i.
Il fait étouffant.
« J'aurais dû me douter qu'il ferait de l'orage vers le soir, le soleil était trop chaud dès le matin. Il faisait touffe, jamais de la vie ! On cuisait dans son jus. »
(G. Chepfer, « Cousins de Pentecôte »).

TOUILLON n.f.
1) Pâtée des cochons. Voir CHAUDIÈRE 2).
2) Repas ou mets bourratif et sans saveur.
« J'aimerais bien manger autre chose que du touillon, de temps en temps. »

TOURNER v.i. Pommer. [Se dit d'une salade, d'un chou...]
« Mes choux ne tournent pas, il va falloir arroser. »

TOURNISSE
1) adj. Étourdi, pas dans son assiette (coup, chaleur, alcool, malaise).
« C'est bien vrai, vous n'êtes plus tournisse ?.. Hier, vous m'avez fait peur, vous savez ! » (G. Chepfer, « Tante Didiche l'a échappé belle »).
2) n.f. Malaise, vertige.

Le 3ᵉ âge ? ça n'existe plus. (...) Terminée l'époque où d'aucuns disaient que les retraités « bouffaient » uniquement des kilomètres et des spécialités à vous faire attraper la tournisse ou encore le cholestérol !

Les Annonces des Hautes-Vosges, 15-10-1989

TOUT PARTOUT loc.adv. Partout.
« Qu'elle était donc mal en point, la pauvre Augustine ! on ne l'entendait plus que soupirer. M. le Curé en surplis dit un Pater et deux Orémus sur les cuisses, les talons, les oreilles, les creux

des mains, tout partout, n'est-ce pas... » (R. Wadier).
Variante : À TOUT PARTOUT.

TRAIN Voir RÈGNE.

TRAIRE v.i.
1) Donner du lait.
2) Être facile à traire.

TRAITER v.t. Insulter, injurier. [Langage enfantin.]
« M'sieur, le Paul, il m'a traité ! »

TRAPELLE n.f. Fille qui « court » les garçons.
« Certains couples passent les limites. Les commères les ont vite remarquées, elles les épient, et les critiquent sans ménagement : lui, un pas grand chose, elles, une tricousse, une « trapelle ». N'insistons pas. » (G. Uriot, « Du côté de chez nous », inédit, in R. Wadier).
Même sens : TRICOUSSE, TRÔLEUSE.

TRAQUER Voir PISTELER 2).

TRAYATTE n.f. Épuisette du pêcheur à la ligne.
« Quoi ? Est-ce que je suis cause si j'ai manqué un brochet qui était gros comme une baleine, moi ? La Mémène l'a vu, je l'ai tiré jusqu'au bord, hein, Mémène ? Mais le temps de prendre ma treyatte pour le sortir de l'eau, le salopard m'avait brûlé la politesse en cassant ma belle gaule et en me faisant prendre un bain de siège. » (G. Chepfer, « Une bonne journée de campagne »).
Variante : TREYATTE.

TREIZEAU n.m. Tas de gerbes dans les champs.
« Souvent il [mon père] me prenait sur ses genoux, et je regardais le blé se coucher sur la toile sous la caresse des rabatteurs, monter en tapis épais, s'accumuler en une gerbe qu'une grande aiguille entourait d'une ficelle de sisal et qu'un éjecteur projetait sur un porte-gerbes. Celui-ci était régulièrement soulagé de sa charge pour que les équipes occupées à mettre en « trésaux », c'est-à-dire en faisceaux, réalisent de belles lignes droites. » (F. Guillaume).

TRELLER v.impers.
1) Tomber des grosses gouttes.
« Ça a tellement trellé que la terre est comme du béton maintenant. »
2) Tomber en abondance. [Se dit des prunes que l'on secoue.]

TREMPÉ-MOUILLÉ adj.
1) En nage.
2) Trempé de pluie.
Variante : TREMPÉ-SUÉ.

TRÉTRELLE Voir TARTELLE.

TRICATTE n.f. Jarretière.
« C'est la fameuse histoire de

la fille qui s'était mis la tricatte autour du cou. »

TRICOUSSE Voir TRAPELLE.

TRIMAZO n.m.
1) Anciennement, quête et chant, le 1er mai, en l'honneur de la Vierge Marie.
« *Il y a peu de temps encore, chaque premier dimanche de mai, les fillettes du village [Aouze] se présentaient aux portes des maisons pour interpréter leur chanson (trimazo) et recevoir en échange une aumône destinée à l'entretien de l'autel de la Vierge.* » (R. Wadier).
2) Personne qui chante les trimazôs.

TRINGUEL n.m. Pourboire, récompense monnayée.
« *Je lui ai donné quarante sous, c'est assez de tringeld comme ça, nemme ?* » (G. Chepfer, « Le Jour de l'An »).
Variante : TRINGUELD.

TRIPELER
1) Écraser l'herbe.
Voir PISTELER 2).
2) Ne pas tenir en place.
« *Mais qu'est-ce que tu tripelles, donc, tu ne peux pas te mettre assis cinq minutes ?* »

TRISOLER v.i. Carillonner. [Se dit des cloches ; et au figuré, de personnes.]
« *On sonnait une cloche à la volée et on carillonnait les deux autres. On commençait par la petite cloche qu'on sonnait à la volée avec le pied et on carillonnait les deux autres, la moyenne et la grosse avec les mains. On appelait ça « trisoler ».*
(R. Wadier).

TRISSE Voir CHITTE 1).

TRISSER.
1) v.t. Éclabousser, volontairement ou non.
« *Maîtresse, le Jean-Baptiste, il m'a trissé de la boue sur ma belle robe neuve !* »
2) Projeter un liquide sur quelqu'un ou quelque chose.
« *M'sieur, le Jean-Paul m'a (dé)trissé de l'eau avec sa bouche, je suis toute mouillée.* »
3) v.i. Débarrasser le plancher, ficher le camp, aller, partir à toute vitesse.
« *Il a fallu qu'on trisse pour être dans les temps.* »
Variante : DÉTRISSER.

TRISSETTE n.f. Tout objet qui permet de projeter un liquide : seringue, pompe...
(Jeu d'enfant).

TROCHÉE n.f. Touffe, cépée.
« *Un jour, à Saulxerotte, les gens se sont aperçus que, dans la chanlatte du clocher, il avait poussé une belle trochée d'herbe.* » (R. Wadier).
Même sens : TOQUÉE 2).
Variante : TROCHE.

TROIS-SIX n.m. Voir SCHNAPS.

TRÔLER v.i.
1) Voir RÂOUER.
2) Traîner, se promener sans but précis.
« *T'as bien fait Titine. On trôlera un peu plus longtemps sur le trottoir en regardant les boutiques au lieu d'aller au cinéma et ça fera la rue Michel, v'là tout.* » (G. Chepfer, « Le Jour de l'An »).

TRÔLEUSE Voir TRAPELLE.

TRONCE n.f. Tronc d'arbre abattu, ébranché et débité. [Vosges].
« *Il fallait de rudes chevaux pour débarder les tronces.* »

TROTTE n.f. Forme à fromage, faisselle.
« *Il ne faut pas casser le caillé quand on le met dans les trottes, sinon le fromage est raté.* »

TRUAND adj./n.m. Fainéant, paresseux. [Vosges].
« *C'est un vrai truand : pour ne pas travailler, il fait toujours canse d'être malade.* »

Variante : TROUAND.
« *Je ne sais pas ce qu'a notre bouc, Minette... Aussi bon qu'il était dans les temps pour l'artique... aussi manre qu'il est devenu... Le peut trouand ne veut plus rien savoir...* » (F. Rousselot).

UNE art.déf.m. Un. [Provient de la dénasalisation de la voyelle nasale devant une initiale vocalique.]
« *Si on ne l'arrête pas, y nous mettra sur la paille.*
– *J'aimerais mieux le voir mort, ainsi... ; au moins j'en reprendrais une autre.* » (G. Chepfer, « Pour divorcer »).

USOIR n.m. Espace, souvent très large, situé entre la route et les habitations. [Généralement propriété communale. On y entasse : fumier, « rôle » de bois, matériel agricole.]
« *Le village s'activait dans ce bienheureux répit. Il s'allongeait au long d'une large rue, étalant encore, avant l'hiver, le désordre de son usoir.* » (A.-M. Blanc).
Même sens : PARGE.

V W

VÂNÉE Voir CALENDE.

VARRAT n.m.
1) Verrat.
2) Exclamation.
Voir TORÉ.
Même sens : WARÉ.

VAÛTE n.f.
1) Crêpe très épaisse, proche du beignet, généralement non sucrée.

Foire aux vautes

Moussey (Place de la Mairie), lundi 1er mai, avec la Musique de la Petite-Raon, les Majorettes « Les Myosostis » de Moussey et les associations locales.

Les Annonces des Hautes-Vosges, 30-4-1989

---

2) *Sorte de clafoutis.*
« *Vaute aux cerises : mélangez une livre de farine avec six jaunes d'œufs, un petit verre de kirsch, une cuillérée de sucre en poudre, une petite pincée de sel. Faire fondre une demi-livre de beurre dans un demi-litre de lait tiède. Mélangez fortement la pâte, en versant le lait dedans, et laissez-là reposer quelques heures. [...] Beurrez grassement un plat allant au four, versez-y la pâte, saupoudrez de sucre glace, servez tiède.* » (J.-M. Cuny).

VAYIN n.m. Pelle à feu. [Lorraine du Nord et centrale].
« *Avoir le ventre plat comme un vayin.* »
Même sens : MAIN.

VEAU (FAIRE -) loc.v.
1) Vêler, mettre bas.
« *Quand la vache était pour faire veau, évidemment comme l'écurie n'était pas assez large pour tirer le veau, il la mettait devant la porte qui correspondait avec la cuisine.* » (R. Wadier).

VEAU (FAIRE LE -) Glisser, tomber, s'écrouler [en parlant du chargement d'une charrette].
« *Arrange bien les torches de foin, sinon on va faire le veau dans la descente.* »
Même sens : VÊLER.

VEILLÉE (FAIRE LA -) loc.v.
Participer à une veillée.

« *Le dimanche, j'allais à la messe ; après-midi, je dessinais, puis j'allais faire une promenade. Après souper, souvent je faisais la veillée avec le patron, sa femme et sa fille...* » (J.-B. Haxaire, in *Les Annonces des Hautes-Vosges*, du 14-5-89).

VÊLER Voir BOULER, VEAU (FAIRE LE -).

VENIR v.t. Devenir.
Depuis que son gamin est aux écoles, il est venu rudement fier. »

VENIR AU MONDE loc.v. Naître.
« *Il n'a eu que des malheurs depuis qu'il est venu au monde.* »

VENIR GRAND loc.v. Grandir.
« *Mon ! comme il est venu grand votre gamin !* »

VENIR VIEUX loc.v. Vieillir.

VERMINE n.f. Tout insecte et/ou petit mammifère, rongeur, nuisible pour les jardins et les cultures en général.
« *On n'a pas eu d'hiver, gare à la vermine ce printemps.* »

VERRINE n.f. Récipient en verre utilisé :
a) pour les confitures.

« *Quand la confiture est complètement refroidie ou le lendemain, recouvrir vos pots ou verrines de papier glycériné ou paraffiné ou encore de cellophane humidifiée d'un côté.* » (J.-M. Cuny).
b) pour les conserves de fruits ou de légumes.
« *Comme les villageoises, abandonnant la fabrication des chiches qu'elles ne pouvaient plus sécher sans four, les femmes des cités apprirent à faire des conserves et à les stériliser. Petits pois, haricots verts, fruits s'enfilèrent dans des bouteilles enveloppées de chiffon ou de paille avant d'être placées dans la lessiveuse. Les « verrines », au début, ne se trouvaient que dans quelques maisons fortunées. Les bouteilles, même consignées, pouvaient être utilisées avant d'être rendues.* » (A.-M. Blanc).

VERSAINE n.f. Jachère.
« *Le travail ne manquait pas et la paix régnait enfin depuis quelques années. Avec les pommes de terre cultivées sur les versaines, la famine n'était plus à craindre.* » (A.-M. Blanc).

VIDER LES VACHES Voir MONDER.

VILAIN (FAIRE -) loc.v. Être en colère, grogner, gronder.
« *Comme il a pas sorti aux élections, il fait vilain depuis trois semaines.* »

VILLE (À LA -) loc.adv. À la maison. [Vallées vosgiennes d'Alsace].
« *Rentre à la ville, va-t-en trouver ta mère !* »

VILLE (À VAU LA -) loc. adv. Partout dans la commune. [Vallées vosgiennes d'Alsace].
« *Il ne fait plus rien que de se promener à vau la ville.* »

VINGT Prononcer *vingte*, à la pause et à la finale.

VINGT BLEUS (juron). Bon sang de bon sang.
« *Crès vingt bleus, ça m'a pourtant fait un tour dans les tripes, on aurait cru mon vieux « Lantz »* [marque de tracteur] *qui s'mettait en route !* » (G. Goulon).
Variantes : VINGT GUETTES, VINGT RATS.

VIÔLE Voir BIGÔNE.

VITRE n.f. Fenêtre. [Montmédy, Argonne].
« *Ouvre la vitre, il y a de la buée.* »

VOILETTE n.f. Péritoine du porc, crépine.
« *Il n'y avait pas un instant à perdre. Les abats récupérés, rognons, foie, estomac, voilette, cervelle, les jambons, jambonneaux détachés, le tronc du cochon était partagé en deux et mis à refroidir dans la chambre de Louis, sur l'arrière de la maison.* » (A.-M. Blanc).
Même sens : TOILETTE.

VOITURE s.f.
1) Chariot agricole à 4 roues.

A VENDRE : 1 presse MD John Deere, 2 voitures à pneus avec limonière et attache tracteur (...). Tél. 29.50...

Les Annonces des Hautes-Vosges, 21-5-1989

2) Contenu de ce chariot.
« *Oh y avait de quoi !.. On avait rentré dans l'arche des voitures de regain, de luzerne, des wagons de pommes de terre, de lisettes...* » (F. Rousselot).

VOLANTE Voir POUILLOTTE 4).

VOLETTE n.f. Petit plateau en osier sur lequel on dépose les tartes.
« *On défourne lentement sur une grande « volette » : en voici une bien réussie, une autre toute « ressapie » avec une troisième qui colle « après le plateau », et une dernière qui a fait « chitt » et qui a laissé couler tout son bon jus de fruits mûrs.* » (E. Badel).

VOMBER Voir ZOMBER.

VOTRE adj.poss. Votre.
[S'emploie essentiellement pour indiquer l'appartenance à la famille de l'autre, la propriété de cette famille.]
« *Dites voir un peu qu'il ne s'est pas mis en quatre pour faire avoir un bureau de tabac à vot'*

Léopoldine, quand son homme est mort, et qu'elle avait juste droit à sa retraite de veuve de sergent-major ? » (G. Chepfer, « L'Alphonse député, et pourquoi pas ? »).
Voir NOTRE.

VOYAGE n.m. Contenu d'un véhicule.
« Encore deux voyages et le grenier sera plein. »

VRONDER Voir ZOMBER.

WÂCHER Voir CHOPOTER.

WARBÉE Voir CALENDE.

WAYIN (FAIRE LE -, METTRE LE -, SEMER LE -) loc.v. Faire les semailles d'automne. [Meuse et Lorraine du Nord].
« La terre est trop grasse, faut attendre que ça ressuie avant d'aller mettre le wayin. »

WARÉ Voir VARRAT.

WELSCHE n.prop./adj. Habitant du pays roman, romanophone. [N'est usité qu'en Alsace et, péjorativement en Moselle germanophone. Se prononce Velsche].

« Fréland : Maison du pays welche. La Maison du pays welche a ouvert ses portes au public qui pourra regarder ce qui a été fait pour la sauvegarde du patrimoine local ».

Les Annonces des Hautes-Vosges, 9-7-1989

WÉSSE n.f. Guêpe, frelon. [Plaine-sous-vosgienne, Massif montagneux].
« Le Pierre a attendu jusqu'à une heure du matin avant d'enlever le nid de wésses du grenier. »

WÈTTE adj.
1) Sale [d'une personne, d'un champ...]. [Général, sauf Montmédy].
« Mon ! que t'es donc wètte, va te rechanger tout de suite. »
Voir NICHE.
2) Entre dans la composition de nombreuses injures en tant que superlatif.
« Va donc, eh ! wètte coche !».

WÈTTINE n.f. Saleté, boue, cochonnerie...

WÎQUER v.i. 1) Crier [se dit du porc quand on l'égorge]. [Massif montagneux].
« Ils ont tué le cochon chez les Mougel ; on a entendu wîquer tôt le matin. »
2) Crier d'une voix suraiguë.

Z

ZAUBETTE n.f. Petite fille, jeune fille assez délurée.

ZAÛNÉ adj.
1) Fou. [Vermois - fin].
« *Non mais, il est complètement zaûné l'être-là !* »
2) Ivre.
Voir MORZIF.

ZOMBÉE Voir ROUFFE.

ZOMBER v.i.
1) Bourdonner. [Se dit d'une mouche, d'un moteur, de tous les bruits lancinants.] [Massif montagneux].
« *Il y a une mouche qui zombe derrière les rideaux, je t'en prie écrase-là.* »
2) Travailler très activement, donner un coup de collier.
« *T'as vu ce qu'ils ont rentré comme foin ? ça a dû zomber aujourd'hui !* »
Même sens : BRONDER, BZONDER, VOMBER, VRONDER, ZÔNER.

ZÔNER Voir ZOMBER.

ZONZON n.m. Jeu d'enfant : un bouton, un bout de ficelle. L'une fait tourner l'autre et cela provoque un bruit très énervant.
« *Ça revient à la mode, périodiquement, les zonzons. Je déteste ça : le bruit me casse les oreilles.* »

ZOQUE n.f.
1) Coup, talure. Voir BEUGNE 1).
2) Fessée, correction. Voir ROUFFE.

ZOQUER (SE)
1) v.pron. Se heurter, se cogner.
2) v.t.
a) Même sens que ci-dessus.
b) Tuer.
« *Maurice, il y a une souris, vite, zoque-la !* »

ADDENDA

Nos lecteurs nous communiquent... Qu'ils en soient remerciés !

ACCLO (FAIRE UN -) loc.v. Faire une bride à un torchon, un vêtement afin de pouvoir l'accrocher ; faire une épissure à un fil, une corde.

ASTHME adj. Asthmatique. « *Je ne fume plus, ça me rendait asthme.* »

AVOIR QUELQU'UN loc.v. : Avoir un amant, une maîtresse.
 « *Elle a perdu son homme il y a trente ans, elle ne s'a pas remariée, mais elle a quelqu'un depuis longtemps.* »

BANC DE POTS loc.nom.m. : Étagère (avec ou sans rideau) sur laquelle on range les ustensiles de cuisine.

BASSIN (PLAT -) n.m. Bassin de lit que l'infirmière, ou le personnel de salle, met à la disposition du malade grabataire pour ses besoins. [Partout].

BON CHAUD (AVOIR -, RESTER -) loc.v. Avoir bien chaud, rester bien au chaud.

CABRI (FAIRE -) loc.v. : Avoir la chemise (ou même le slip) qui dépasse des jambes du short.

CHAUDE (Y ALLER DE SA -) loc.v. Avoir une pulsion sexuelle [Ne se dit que d'une femme].
 « *Oh, mais ! à mon âge, j'y vais encore de ma chaude !* »

CIRCULER UN MEUBLE loc.v. Déplacer un meuble.
 « *Viens voir, j'ai besoin d'un coup de main pour circuler l'armoire, j'ai envie de la changer de place.* »

COINS (SIFFLER LES -) loc.v. Faire grossièrement le ménage, sans passer dans les coins ni sous les meubles.

CROISER LA ROUTE loc.v. Traverser une route, un chemin.
 « *Quand tu croises la route pour aller à l'école, fais atention aux voitures.* »

CUISANT n.m. Hyperacidité gastrique, brûlures d'estomac.
« *Mon grand-père, qu'on appelait le Père Crâpi, quand il avait ses crises de cuisant, il se roulait par terre tellement ça le brûlait.* »

ÉCHAUFFÉ (ÊTRE -) loc.v. : Être constipé.
« *Docteur, je suis échauffé depuis huit jours, alors je suis tout ballonné.* »

EMBÊCHE n.f.
1) Ustensible de cuisine
2) Récipient
3) Personne « incapable à... »

ESCARGOT n.m. Petit pain au raisin, fait de pâte à brioche roulée en cercles concentriques et recouverte de sucre caramélisé.
Même sens : SCHNECKE.

ÉVALTONNÉ adj. Tout fou, excité, survolté.

JIN n.m. Largeur de terrain sur laquelle on effectue un travail en une « passe », au fauchage, à la fenaison, au ramassage des pommes de terre,...

LE MIENNE, -SIENNE, -TIENNE, loc. pron. poss. Le mien, le sien, le tien.

MAQUER v.t. Blesser quelqu'un par un coup, provoquer un hématome.

MIQUÉ n.m. Herpès, bouton de fièvre.
« *Ben, t'es pas dégoûté de le relècher, il a toujours un miqué sur les lèvres.* »

NET (AU -) loc.adj. Propre, bien rangé, bien ordonné.
« *ONET, office nouveau de nettoyage.* » *[Publicité de l'annuaire téléphonique de Meurthe-et-Moselle].*

PATIN n.m. Pantoufle, chausson.
« *Mets tes patins dans tes pieds, j'ai ciré.* »
PATINETTE n. f. Pièce de tissu, munie ou non d'une bride, que l'on utilise pour glisser sur un parquet ciré pour ne pas le salir ni, surtout, le rayer.

PIFFER v.i. Cracher, souffler violemment. [A l'origine, se dit d'un chat en colère, puis, par analogie, d'une personne.]
« *Quel caractère ! à la moindre remarque, elle se met à piffer.* »

QUETSCHE n.f. Variété de prune (prononcé **coiche**).

RABOT (ÊTRE -) loc.v. être gâteux, gaga.
« *Elle a beau avoir plus de quatre-vingts, elle n'est pas encore rabot.* »
RABOTER, v.t. Dire du mal de quelqu'un.
« *Un homme qui rabote, c'est encore pire qu'une femme.* »

RENGRULER v.i. Grelotter.
RENGRULER (SE -) 1) v. pron. Se recroqueviller (au coin du feu, par exemple.)
ÊTRE RENGRULÉ v. pass. être gelé, avoir froid.

RÉTRILLONNER v.t. Rationner (la nourriture,...).

ROND n.m. Cercle de fourneau.
« *N'enlève qu'un seul rond pour l'instant, ton feu est trop fort, tu ferais brûler ton frichtic.* »

SABOTS-BOTTES n.m.pl. Chaussures à tige montante et à semelles de bois que l'on met en hiver. [Nord-meusien].

SCHNECKE Voir ESCARGOT.

TIRER, dans les expressions :
ÇA TIRE : Il y a des courants d'air, du vent,...
TIRER LE JOURNAL loc.v.
1) Acheter le journal
2) être abonné à un journal.

TOTÉ n.m.
1) Récipient
2) Gâteau

TRIÔLER Voir RÂOUER.

VÈQUER v.t. Se débarrasser de quelque chose, mettre au rebut...
« *Je vais vèquer toute la fouteraie-là, je ne m'y reconnais plus.* »

BIBLIOGRAPHIE

ADAM Lucien, *Les patois lorrains,* Paris, 1882.
Les Annonces des Hautes-Vosges, hebdomadaire d'annonces légales.
BADEL Emile, *Souvenirs d'Enfance au pays lorrain,* Nancy, 1930.
BLANC Anne-Marie, *Pays-Haut,* Metz, 1988.
BURG Joseph, *Malgré-nous à 18 ans en Russie,* 1985, Ed. Pierron.
CHEPFER George, *Textes et chansons* présentés par J.-M. Bonnet et J. Lanher, Nancy, Metz, 1983.
CRESSOT Marcel, (édit.) : Brondex Albert et Mory *Chan Heurlin* (texte présenté et traduit par -), Nancy, 1948.
CUNY Jean-Marie, *La cuisine lorraine,* Saint-Nicolas-de-Port, 1975 (comprend des textes de : Belle-Rose, I. Bongean, P. Fève, Ch. Sadoul, etc.).
Erckmann-Chatrian, *L'ami Fritz,* Paris, 1984.
FONTAINE, abbé, *in* R. Wadier : *Conteurs au Pays de Jeanne d'Arc.*
GEGOUT Jean-Baptiste, *Arts et Traditions de la Vallée des Lacs,* par Les Ménestrels de Gérardmer.
GEORGEL Marce, *Arts et Traditions de la Vallée des Lacs,* par Les Ménestrels de Gérardmer.
GOULON Georges, *Une vie d'établi,* Dombasle, 1986.
GROSSIER Jean, *Arts et Traditions de la Vallée des Lacs,* par Les Ménestrels de Gérardmer.
GUILLAUME François, *Le pain de la liberté,* Paris, 1983.
J.L., *Les Contes du Haltata,* Nancy, 1976.
JAVELET Robert, *Epinal à la belle époque,* Mulhouse, 1969.
L'Éclaireur de Lunéville, quotidien aujourd'hui disparu.
L'Est Républicain, quotidien.
Le Républicain Lorrain, quotidien.
L'HÔTE René, *Arts et Traditions de la Vallée des Lacs,* par Les Ménestrels de Gérardmer.
LABOURASSE Henri, *in Mémoire de la Société des Lettres... de Bar-le-Duc,* Bar-le-Duc, 1894.
LAISSY Marie, *Les noëls populaires lorrains,* Saint-Nicolas-de-Port, 1977.
LANHER Jean, (édit.), *Les contes de Fraimbois* (édition et adaptation en français régional), Nancy, Metz, 1983.
LANHER Jean, *Le parler de Montmédy,* Saint-Nicolas-de-Port, 1981.
LANHER Jean, LITAIZE Alain, *Au fil des mois,* Nancy, 1987.
LANHER Jean, LITAIZE Alain, *Au fil du temps,* Nancy, 1989.
LANHER Jean, LITAIZE Alain, RICHARD Jean, *Atlas linguistique et ethnographique de la Lorraine romane.*
Tome 1 : Paris, C.N.R.S., 1979.
Tome 2 : Paris, C.N.R.S., 1981.

Tome 3 : Paris, C.N.R.S., 1985.
Tome 4 : Paris, C.N.R.S., 1988.
Lavigne Louis, *in Pays lorrain*, 1933.
Lesueur Jean, *Arts et Traditions de la Vallée des Lacs*, par Les Ménestrels de Gérardmer.
Maire Henri, « La Saint-Vincent" *in Le Pays lorrain*, 1909.
Martaine François, *Les pommes noires*, Paris, 1987.
Massonnet Jules, *Lexique du patois gaumais de Chassepierre et de la région*, Liège, 1975.
Méchin Colette, *Saint-Nicolas*, Paris, 1978.
Ménestrels de Gérardmer (Les-) (collectif : auteurs cités : Jean-Baptiste Gegout, Marc Georgel, Jean Grossier, René L'Hôte, Jean Lesueur, Jean-Louis Perrin, Suzette Rattaire, Louis Regazzoni, Jean Saltel, Jean-Louis Vosgien, Pascale Walter) : *Arts et Traditions de la Vallée des Lacs*, Colmar, 1978.
Moselly Emile, *Terres lorraines*, Paris, 1907.
Perrin Jean-Louis, *Arts et Traditions de la Vallée des Lacs*, par Les Ménestrels de Gérardmer
Rattaire Suzette, *Arts et Traditions de la Vallée des Lacs*, par Les Ménestrels de Gérardmer.
Regazzoni Louis, *Arts et Traditions de la Vallée des Lacs*, par Les Ménestrels de Gérardmer.
Rousselot Fernand, *A l'ombre du mirabellier*, Nancy, 1930.
Sadoul Charles, *Traditions et vieilles histoires du pays lorrain*, Nancy, 1906.
Saltel Jean, *Arts et Traditions de la Vallée des Lacs*, par Les Ménestrels de Gérardmer.
Taveneaux René, « Préface » *in* M. Laissy, *Les noëls populaires lorrains*, Saint-Nicolas-de-Port, 1977.
Theuriet André, *Œuvres*, Paris, 1891.
Uriot G., « Du côté de chez nous » (inédit) *in* R. Wadier, *Conteurs au Pays de Jeanne d'Arc*.
Vanony Claude, Saynètes d'après sa discographie.
Vosgien Jean-Louis, *Arts et Traditions de la Vallée des Lacs*, par Les Ménestrels de Gérardmer.
Wadier Roger, *Conteurs au Pays de Jeanne d'Arc*, Mirecourt, 1985.
Walter Pascale, *Arts et traditions de la Vallée des Lacs*, par Les Ménestrels de Gérardmer.